青春文庫

謎解き「兄弟」の日本史

歴史を動かした〝血の絆〟とは

歴史の謎研究会［編］

青春出版社

兄弟で読み解く日本史の謎

誰もが知っている歴史的大事件のうち、兄弟の確執によって起こった事件は意外と少なくない。また、有名人物の功績に無名の兄弟が関与しているケースも多々ある。

たとえば、女性問題が原因で争うことになった天智天皇と天武天皇の兄弟、孝明天皇の寵愛を受けた妹のおかげで力を持てた岩倉具視。小林一茶の句には弟への嫉妬心が反映されていたり、宮沢賢治は最愛の妹が死んだ当日に、彼女に対する切実な詩を残している。織田信長の窮地を救ったのは妹のお市の方とも言われる。

かつての日本は大家族で、兄弟の数が5、6人以上というのは当たり前だった。また一夫一妻制が定着するまでは異母兄弟は当然のようにいて、今では考えられないほど当時の兄弟関係は複雑だったのである。

本書では、そうした「兄弟」にまつわる数々のエピソードから、日本史の謎を解き明かそうと試みた。兄弟だからこそ起きた愛憎劇が、日本の歴史に深くかかわっている様がきっと見えてくるだろう。

2003年3月

歴史の謎研究会

『謎解き「兄弟」の日本史』・目次

第2章
兄弟は「他人」のはじまり　61
～争いが残した兄弟の遺恨～

第3章 志を同じくした兄弟の血の絆 107
~結束が結んだ成功物語~

第4章 兄弟たちの情と愛
~支える者、支えられる者の人生~

ブックデザイン■坂川事務所
カバーデザイン■フラミンゴスタジオ
カバーイラスト■茂利勝彦
本文イラスト■木佐森隆平
ＤＴＰ■フジマックオフィス
企画・製作■新井イッセー事務所

第1章

時代に翻弄された兄弟たち

～数奇な運命をたどった兄弟の末路～

足利尊氏と弟・直義

――理想的な組み合わせが招いた悲劇――

鎌倉時代から建武《けんむ》の新政《しんせい》、そして南北朝と室町時代を経て戦国時代へ――。この頃の日本の雰囲気をひと言で言うなら、力をつけてきた武士の欲求不満があちこちで噴出した時代ではなかっただろうか。

1333年（建武元年）、幕府の処遇に不満をもつ御家人たちをうまくまとめて鎌倉幕府を倒すのに成功したのは後醍醐《ごだいご》天皇だった。しかし新政権では貴族中心の社会への回帰がすすめられ、思ったより待遇がよくならない武士たちの不満は高まっていった。後醍醐天皇にとって武士は革命の道具でしかなかったのだろう。

こうした武士の不満をうまくすくい上げ、後醍醐天皇に対立する北朝をうちたてたのが、足利尊氏《たかうじ》と足利直義《ただよし》の兄弟であった。

足利尊氏は1305年（嘉元3年）生まれ、直義は1306年生まれで、母はともに上杉重能《しげよし》の娘清子《きよこ》である。年子《としご》だから、子供の頃から双子のようにお互いを意

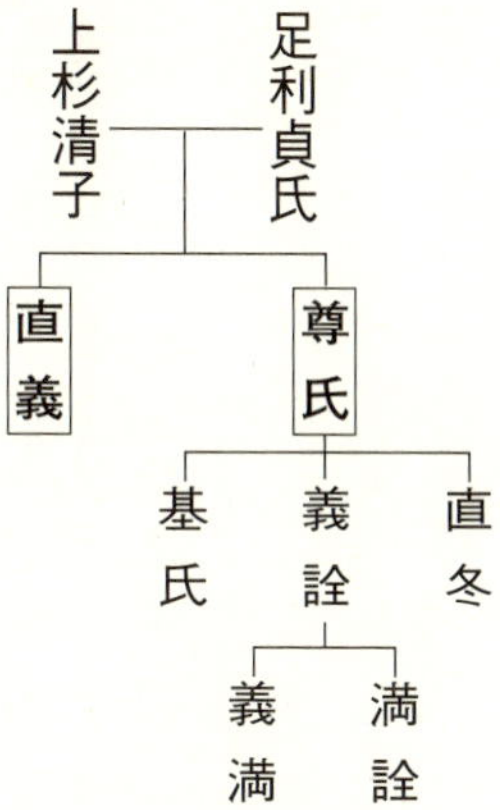

識しながら育ったのかもしれない。

兄の尊氏は人の心をつかむのがうまかった。おおらかで落ち着きがあり、いざという時は先頭に立って軍を守る勇敢さもある。目先の利益にはこだわらない。

よく例に挙げられるのは、貢《みつ》ぎ物をもらうと自分は勘定に入れず、周りの人にみな配ってしまったというエピソードである。そんな大物ぶりがあったからこそ、不満だらけの武士たちを吸収するのに成功したのだろう。

ところが尊氏のたった1人の弟である直義は、まったく正反対の人間だった。細かいところによく気がついて決断も早い。ふだんの生活は質素で、倹約家でもあり厳格だった。貢ぎ物に関していえば、独り占めするか周りに配るという以前に、物をもらわなかったらしい。

貢ぎ物などに左右されて正しい判断ができなくなるのはけしからぬ、ということなのだろう。実務派の公務員タイプといってもよさそうだ。

だから室町時代の初期には尊氏が将軍として軍事を、直義が兄を助けて司法・行政を担うという役割分担がきちんとできていた。尊氏がいくら部下の心をつかむに長《た》けていても、あまりにどんぶり勘定では法律全般を充実させ財政を切り盛りすることはできない。当時は、武士に対する領地の分配が大きな問題だったから、これを公平・正確に行った直義は今も評価されるところなのだ。要するにこの2人、武将の兄弟としてはまさに理想的な組み合わせだったのだ。

ところが、この役割分担に割って入ろうとする人間がいた。足利尊氏の古くからの部下であり、室町幕府でもより強い権力を求めていた高師直《こうのもろなお》である。

高師直は尊氏の執事役であった。執事というのは将軍の命令すべてを部下に伝達する役割だから、いわば実権を握る人間になるはずだった。ところが、実際には尊氏は軍事だけを高師直に掌握させ、司法や行政の実権は直義に譲ってしまったので、師直が権力をふるえる部分は減ってしまったのだ。

当然師直はおもしろくない。

それにこの2人、ことごとく気が合わなかった。直義は斬新《ざんしん》なやり方を嫌い、伝統的なやり方で秩序を守りたいタイプであるのに対し、師直は常に改革的なやり方を好む急進派である。

直義にとって師直は、危険思想の持ち主であり、師直にとって直義はいちいち足をひっぱる邪魔者だったようだ。

そして尊氏はというと、そのどちらともうまくつき合えたため、2人の対立を傍観していたらしい。自分に火の粉が及ばないようにしたいという思惑も見え、これは「おおらかで人の心をつかむのがうまい」という性格の裏返しと言ってもいいだろう。ここから足利直義と高師直の全面的対立が始まったのである。

争いの結末に残る謎

まず、先手を打ったのは直義である。尊氏に強く要求して高師直を執事からおろさせたのだが、これで黙って引っ込む師直ではない。河内国にいた弟の高師泰《もろやす》を呼び寄せ、古くから高師直派であった急進派たちを率いてクーデターを起こしたのだ。

高兄弟の要求は「弟の直義を追放せよ」ということである。その攻撃の激しさに、とうとう尊氏も直義を城中に置くことができなくなった。直義は出家し、職務をすべて尊氏の嫡子である足利義詮《よしあきら》に譲ったのだ。

しかし、直義もこのまま黙っているわけにはいかなかった。まず直義の息子、足利直冬《ただふゆ》が九州で決起し、続いて直義は各地の穏健派を率いて大和に向かい、後醍醐天皇のたてた南朝と手を結んで兄尊氏と高兄弟の連合軍に対し挙兵したのである。

これが1350年（正平4年・貞和5年）の「観応《かんのう》の擾乱《じょうらん》」である。

朝廷が後醍醐天皇の南朝（吉野）と尊氏の推す北朝（京都）のふたつに分かれたのが1336年で、両朝が合体したのは1392年だった。なぜ57年間も朝廷は分裂したままだったのかといえば、この足利兄弟のトラブルが関係していたのだ。

ちなみに、直義の息子として挙兵した直冬はそもそも尊氏の長男だった。本来であれば室町幕府の第一継承者なのだが、母親の身分が低かったために嫡子としては尊氏に喜ばれず、鎌倉の東勝寺《とうしょうじ》に預けられたらしい。その後直義の養子として育ったのだ。

この戦いは兄弟の双方が勝ったり負けたりしながら丸１年にわたって続いた。摂津国で直義軍に負けた師直は一度は命を救われて出家するが、師直に父を殺された上杉能憲《うえすぎよしのり》によって最期を遂げた。

兄弟を仲たがいさせた元凶がいなくなったものの、一度こじれた身内の仲はそう簡単に元には戻らなかった。何度かの争いと和解を経たのちに、１３５２年（正平7年・観応3年）直義は鎌倉で急死してしまう。享年47歳のことだった。

この死について、南北朝の戦乱を描いた軍記物の『太平記』では「直義は毒殺されたというウワサがもっぱら」というくだりがある。はたして、その人徳をたたえられた将軍尊氏は実弟を殺したのだろうか。それは今も謎である。

織田信長とお市の方
――兄を救うため妹がとった行動とは――

「戦国の風雲児」と呼ばれた織田信長《おだのぶなが》。16世紀後半の戦国時代に尾張守護代の織田信秀《のぶひで》の家に生まれ、やがて尾張一国の統一から豊臣秀吉《とよとみひでよし》、徳川家康《とくがわいえやす》と続く天下統一への足がかりを築いた、言わずと知れた戦国武将だ。

その輝かしい戦歴をざっとたどると、今川義元《いまがわよしもと》を桶狭間《おけはざま》の戦いで破り、姉川《あねがわ》の戦いで近江の浅井《あさい》氏と朝倉《あさくら》氏連合軍を破って延暦寺《えんりゃくじ》を焼き討ちしている。さらに室町幕府最後の将軍足利義昭《あしかがよしあき》を追放、鉄砲隊で武田勝頼《たけだかつより》を打ち砕き安土城《あづちじょう》を築いたのである。

1582年（天正10年）6月に京都の本能寺《ほんのうじ》で明智光秀《あけちみつひで》に襲われ、自ら火を放って自害した「本能寺の変」に至るまで、49年間の生涯を数々の奇抜な戦略とともに激しく生きた、まさに戦国武将の1人だった。

信長は24人という大兄弟の次男坊だった。うち男子は11人だが、信長は「うつけ

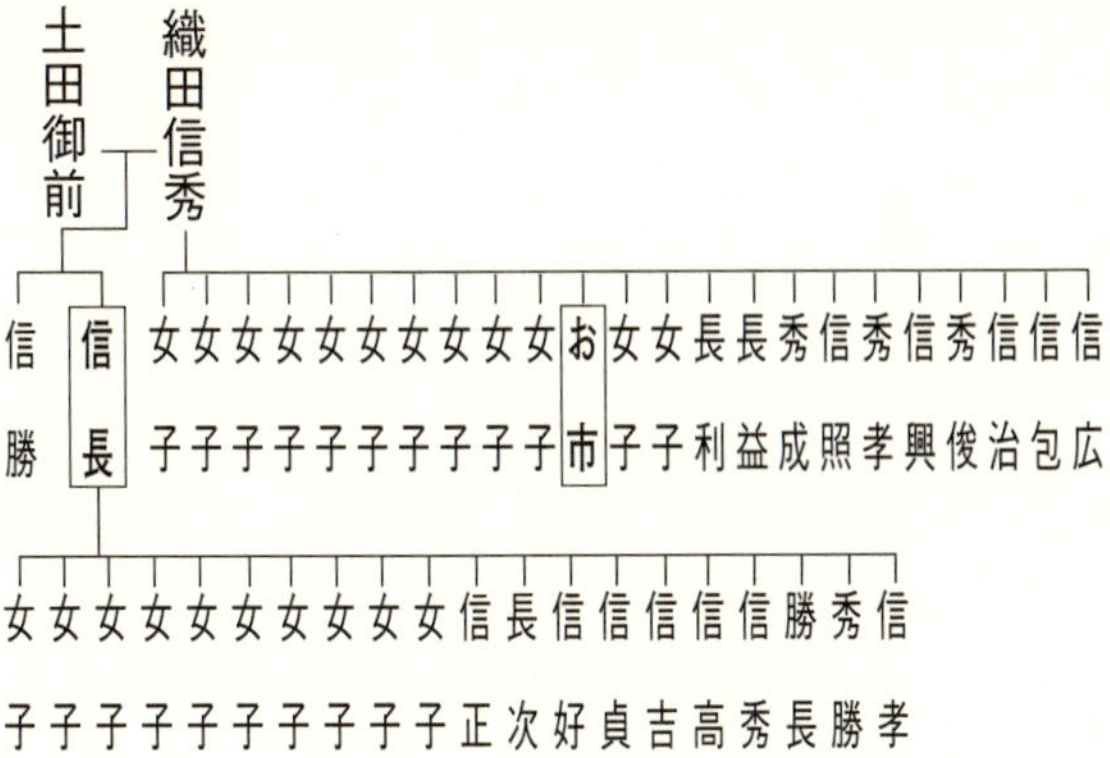

者」として世間に知られていたという。

「うつけ」とは怠け、のんきという意味だが、信長のそれは、「ぼんやりして間抜け」というよりは、目立ちすぎる珍妙な格好と行動をさしていた。

常に長柄の大刀と脇差を麻縄でくくって火打ち袋などといっしょに腰にぶら下げ、その大刀の束は真っ赤。他にも身に着けるものはすべて赤で、袴もはかずに城下へ出ては餅や柿などをほおばりながら歩くなど、奇妙な行動をとり続けていたらしい。

こんな姿を目の当たりにし、城内はおろか城下での蛮行の評判を聞くにつけ、まっとうに暮らす兄弟にとっては迷惑極まりない存在だったに違いない。

父の死後、18歳で家督を継いだはいいが、何しろその父親の葬式の日にさえ、ふだんの行動や服装を改めることがなかった。いつもの奇妙な格好のままふっと葬儀の参列に現れ、焼香するかと思いきや、抹香《まっこう》を祭壇に投げつけて去ってしまったというのである。

兄の信広や品行方正で知られた弟の信行（信勝ともいう）なども、「こやつにこのまま織田家を預けてよいのか」と思っていたことだろう。

そこで兄弟たちは柴田勝家ら武将の後ろ盾で、ついに信長に反旗を翻《ひるがえ》した。1557年（弘治2年）の「稲生《いなお》合戦」である。

ところが多勢なはずの兄弟軍は、少数ながら策略に長けた信長軍に負けてしまったのだ。

そもそも、信長のおかしなスタイルや行動は、親族を含め世間の目を欺《あざむ》くための確信犯だったという説もある。人を見抜く目のある、真に忠誠心のある家臣だけを集めて最強の織田軍を作り、将来の天下統一を見据えていたというわけだ。

最も信長の近くにいた兄弟たちでさえも、それを見抜けず謀反《むほん》を起こした。日頃粗暴な信長だけに、謀反を起こした兄弟たちはどんな扱いを受けるかと震え上がったにちがいない。しかし、柴田勝家を含め、謝罪をした者たちを信長はすべて許した。これ以降、兄弟たちは信長に逆らうことはなかったのである。

美しい妹は信長の切り札

　さて、24人の兄弟姉妹の中で最も信長によってその人生を翻弄《ほんろう》された人といえば、妹の市姫ことお市《いち》の方《かた》だろう。お市の方は１５４７年（天文16年、ただし１５４８年という説もある）に生まれたとされているから、信長より13歳年下の異母妹である。

　お市の方は、16歳で北近江の実権を握る浅井長政《ながまさ》の下に嫁いだ。もちろん政略結婚である。この頃愛知・犬上のあたりまで勢力を拡大していた浅井氏だが、越前の朝倉氏との同盟を結びたい信長の差し金であることは疑う余地もない。浅井氏としては、自分と同盟を結ぶ朝倉氏に、許可なく攻め込まないという誓約があっての織田との縁組みだったようだ。

この時代にはよくあることだろうが、右も左も信用ならない武将が乱立していた弱肉強食の世だけに、戦地に赴《おもむ》く男子だけでなく姉妹や娘もこうした形で家の存続や繁栄に一役買っていた。

さらに、お市の方は類まれなる美貌の持ち主だったと言われる。天下統一に向けて策略をめぐらし続けた信長だけに、美しい妹は切り札のひとつであったに違いない。

美しさだけでなく賢さも備えたお市の方は、浅井長政にとってもよき妻だったらしい。

2人は相性もよく、お市の方は長男万福丸、長女茶々、次女初、三女小督《ことく》（お江与《ごう》）と次々に子供をなした。

信長と浅井長政との間柄も順調で、南近江にいた六角《ろっかく》氏を攻略し室町幕府第13代将軍の弟足利義昭《よしあき》をたてて京都に上った信長の相談役として、浅井長政も勢力を強めている。

きっとこのあたりが彼女にとっても一番よい時代ではなかっただろうか。

夫をとるか、兄をとるか

しかし、とうとう兄信長と夫長政との間に亀裂が生じてしまう。

ことの起こりは1570年（元亀元年）、政治的能力にかける足利義昭を思うままに支配し始めた信長は、「将軍命令」という名の下に逆らう朝倉氏を討伐し始めたのである。

お市の方との縁談以来、取り交わしてきた約束を信長は反故《ほご》にしたのだ。浅井氏は当然怒った。信長にしてみれば、「いつまでも古い約束にこだわっていては天下統一はできない」ということだろう。

しかしこの時、信長はあろうことか、京から浅井氏の領地を通って越前朝倉氏へと兵を進めていこうとしたのだから始末が悪い。朝倉領地へと向かう信長軍を追うかたちで、浅井軍も行軍を開始したのである。

兄の窮地を知ったお市の方はこの時、どうしたのだろうか。

夫の怒りは当然のことである。しかし、子供の頃から目の当たりにしていた兄の激しい性格と、どんな手を使っても天下を取るだろうという大物ぶりもよくわかっている。

そして何より、血を分けた兄弟がみすみす挟み撃ちにあって死ぬのを見過ごすわけにはいかない。実家である織田家の存亡もかかっている。

といっても、信書などを送っては夫に怪しまれ、自分の命も危ない。そこでお市の方は一計を案じた。信長に陣中見舞いと称して小豆を送ったのだ。

その小豆の包みはちょっと変わっていて、麻縄で上と下の両方ともに大きな結び目が作られていた。

これを見た信長は一瞬にして悟《さと》ったという。前方の朝倉軍と後方の浅井軍の両方が自分を「挟み撃ち」にしているということ。そして、このままでは「袋のねずみ」であるということを、だ。

この機知のおかげで信長軍は難を逃れ京へ戻ることができた。

このエピソードは、後年語り継がれていくうえで事実が誇張された作り話だという歴史家もいる。いずれにしても、お市の方の聡明さと同時に、兄弟ならではの感性のつながりを感じさせる話ではないだろうか。

「信長兄ならこの意味がわかるはず」というお市の方の深い信頼がなくては、成立しない謎かけだったともいえるのだ。

政争に利用され続けたお市の最期

　この一件以来、夫長政と兄信長の間柄は完全に決裂し、１５７０年（元亀元年）の姉川の戦いでは、浅井・朝倉の連合軍は織田・徳川連合軍に大敗。まもなく浅井氏の小谷城《おだにじょう》も信長の手に落ち、浅井長政は城とともに自害する決意を固める。

　お市の方も共に死のうとするのだが、長政に「娘と共に生き延びよ」と諭されて３人の娘と共に信長のもとに戻った。長男万福丸は捕らえられ、豊臣秀吉の手で斬首されたと言われている。

　その後も、お市の方は余生を静かに暮らすというわけにはいかなかった。１５８２年（天正10年）、京都の本能寺で信長が自害してからもまだ、織田一族の政争に利用されるのである。つまり、政略結婚である。

　再婚の相手は、古くからの家臣で一度は謀反を起こしたこともある柴田勝家である。「本能寺の変」に乗じて勢いを強める豊臣（羽柴）秀吉は明らかに次期政権を狙っている。これに対抗するために内部の結束力を強めようとした信長の三男、信《のぶ》孝《たか》がこの縁談をすすめたのだ。

勝家はこの縁談に非常に満足したという。すでにお市の方は30代半ばになっていたはずだが、まだまだ美貌も衰えていなかったのだろう。それからわずか7ヶ月ほどの間、お市の方は柴田勝家の愛妻として越前の北ノ庄《きたのしょう》城《じょう》で過ごした。1583年、城が秀吉に包囲された時、勝家とともに自害したのである。

その自害は、地元に伝えられるところによると2人で爆薬を胸に抱き、城もろとも吹き飛ばされるという壮絶なものだったらしい。信長の家臣と妹にふさわしい最期だったといえるだろうか。

さて、生き残ったお市の方の3人の娘たちはその後豊臣秀吉に引き取られる。長女茶々は秀吉の側室となって秀頼《ひでより》を生んだ。また2女初は京極高次《きょうごくたかつぐ》に嫁ぎ、3女小督は秀吉の養子秀勝《ひでかつ》の側室となった後に、徳川秀忠《ひでただ》の正室となって3代将軍家光《いえみつ》を生んだのである。

こうして織田家の血は徳川300年の歴史へと受け継がれていったのだ。

孝明天皇と妹・和宮

――妹に政略結婚を求めた兄の苦渋――

朝廷の姫が臣下に嫁ぐことを「降嫁《こうか》」という。将軍家への降嫁は武士の時代が始まって以来、延々と続いてきた伝統的な政略結婚である。江戸幕府の末期には、時の孝明天皇の妹君、皇女和宮が降嫁している。そこには当時の混沌とした世情を反映した悲しい物語がある。

幕末のこの時期、浦賀にペリーの黒船がやってきて以来、日本はアメリカとの条約交渉にどう対応するかで大揺れに揺れていた。

幕府内部でも、急逝《きゅうせい》した徳川家第13代将軍家定《いえさだ》の跡継を誰にするかで一橋慶喜《ひとつばしよしのぶ》を推す一橋派と、徳川慶福《よしとみ》（のちの家茂《いえもち》）を押す南紀派のふたつに分かれてなかなか統一がとれないでいた。

そんなゴタゴタを一気に片付けようと先走ったのが井伊《いい》直弼《なおすけ》である。

井伊は大老に就任するや独断で日米修好通商条約に調印し、第14代将軍には徳川慶福を強引に推した。さらに反対派の人々を次々に捕らえて処刑する「安政の大獄《あんせいのたいごく》」などかなり強引な政治をやってのけた。

その反動は大きく、1860年（万延元年）、井伊直弼は水戸・薩摩藩の浪士たちに暗殺される。「桜田門外の変《さくらだもんがい》」である。

井伊の強引さが天皇制を尊重し鎖国を続けようとする尊皇攘夷《そんのうじょうい》派の反感を買い、命を落とすことになったため、老中職を引き継いだ安藤信正《あんどうのぶまさ》と久世広周《くぜひろちか》は反井伊派との関係修復に神経をつかった。

失墜した幕府の権威を回復するには、朝廷と幕府の関係をよくするしかないと考えたのだ。これが「公武一体《こうぶいったい》（公武一和《いちわ》）」の思想である。

その象徴的なイベントとして、幕府にはとっておきの秘策があった。井伊直弼の発案と言われる「和宮降嫁」、すなわち孝明《こうめい》天皇の幼い妹である和宮親子内親王《ちかこないしんのう》を将軍家茂に嫁がせることである。朝廷の権威を利用して反幕的な尊皇攘夷派を抑えようというわけだ。

孝明天皇は、1831年（天保2年）に仁孝《にんこう》天皇の4番目の子供として生まれた。母は正親町《おおぎまち》実光の娘である権典侍雅子《ごんないしのすけなおこ》である。

1846年（弘化3年）、16歳の時に父仁孝天皇の急逝《きゅうせい》によって即位し、幕末の

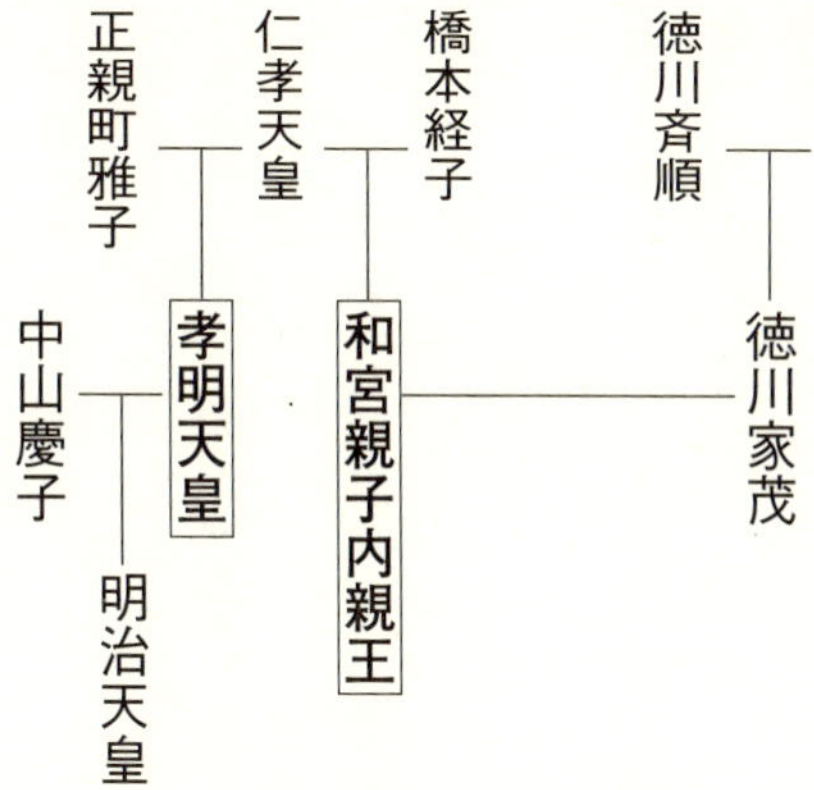

不穏な空気の中で有力な諸大名との政治的な駆け引きにも即位直後からかかわらざるを得なかった。

一方、和宮は１８４６年に典侍橋本経子の下に生まれ、孝明天皇とは異母兄妹にあたる。

仁孝天皇には皇后含めて配偶者が７人、その子女は合計15人が生まれたと言われるが、夭折《ようせつ》した兄弟も多かった。成人にまで達したのは、生年月日順にいうと桂宮淑《かつらのみやすみ》子《こ》内親王、孝明天皇、和宮親子内親王の３人だけである。

淑子内親王と孝明天皇は２歳違いだが、和宮は孝明天皇より16歳も年下である。和宮が生まれる直前に仁孝天皇が急逝したこともあり、孝明天皇が名付け親となったという経緯もあった。

孝明天皇にとって、和宮は年の離れた妹でありながら、娘のような心境であったのだろう。

幕末期の天皇として、孝明天皇は公武一体を積極的に推しすすめたかった。しかし、和宮をこの政争に巻き込むことについては大きなためらいがあったようだ。なぜなら、和宮にはすでに婚約者がいたのだ。

降嫁を決意させた兄の手紙

生まれた時にすでに父がなく母一人子一人だった和宮だが、幼少時代は母方の実家で静かな環境のもと穏やかに育った。現天皇の兄弟という最も位の高い皇女ということで、6歳にして有栖川宮《ありすがわのみや》家の長男熾仁《たるひと》親王と婚約。以来、学問は有栖川宮家で身につけたという。

対する有栖川宮熾仁親王は、婚約がきまった時はすでに17歳だった。当時では適齢期といってもいい年齢だけに、たった6歳の婚約者を迎えていかがなものかということはあったろう。しかしたいへん穏やかで品行方正な青年だったため、この縁談に逆らうこともなかったようだ。

幼い和宮にとって、熾仁親王は物心ついて以来のあこがれの人だったらしい。「いつかこの方の立派なお嫁さんに」という思慕の情が、書や和歌や作法を学ぶ原動力になっていったのではないか。

降嫁の話が舞い込んだのは和宮が14歳の時、いよいよ有栖川宮との結婚準備のために桂御所に住まいを移そうとしていた時だった。和宮にとってはまさに青天の霹靂《へきれき》、身にふりかかった災難にただおののくばかりであっただろう。

このアイデアは井伊直弼の発案で、直弼の亡き後も安藤信正と久世広周はこの案を進めるべく画策し、孝明天皇に何度もしつこく迫ったという。

和宮の最初の答えはもちろん「NO」だった。もうしばらくすれば大好きな親王のいる有栖川宮家へ輿入れをし、平穏無事な生活が待っているのだから。孝明天皇としても、一度も京を出たことのない世間知らずのかわいい妹君を、あえて魑魅魍《ちみもう》魎《りょう》が徘徊する江戸に送り込むなど、そんな苦労をさせたいと思うはずがなかった。

しかし何度断わりを入れても、安藤・久世ら老中の要請は繰り返し行われ、しだいに圧力も厳しくなっていった。

孝明天皇は朝廷の関係者に向けて一通の手紙を書く。その中には「和宮の代わりに、我が娘、寿万宮《すまのみや》を江戸へ」と書かれていたのである。この手紙の写しを見せられた和宮は、もう断わることができなくなってしまった。

なぜなら、寿万宮は前年に生まれたばかりの乳幼児だったのだ。自分が最後まで拒み通せば、その小さな存在が犠牲になってしまうのである。

娘を身代わりにした天皇の真意

和宮は愛する人との結婚をあきらめた。公武一体に身をささげることを決めたのだ。

「おしまじな　君と民とのためならば　身は武蔵野のつゆと消えても」

「落ちて行く身と知りながら　紅葉ばの　人なつかしくこがれこそすれ」

関東在住の人間からすると「そんなに辺境の地扱いしなくとも…」と言いたくなるような旅立ちの句を残しつつ、１８６１年（文久元年）10月20日朝、和宮の行列は京から江戸へと進んでいった。

行列の中に御輿は全部で４つ。公武一体反対派の襲撃に備えて３人の娘が和宮の影武者に選ばれ、それぞれ御輿に乗り込んだ。御付きの者や沿道警備、準備にかかわった人間に、江戸で迎え出た幕府の人間も合わせると、なんと総勢20万人がかかわったという。

ここでひとつの疑問が残る。孝明天皇は本当に妹の代わりに幼い我が娘を差し出す決心があったのだろうかということである。

断言できないことではあるが、やはり和宮の決心を促すためのポーズであったという見方もできる。なぜなら、孝明天皇は「決して開国せず」という信条をもつ熱心な攘夷論者だった。

時代はすでに開国へと着々と向かってはいたが、やはり「神聖な日の出《いずる》国を外国人に汚されてなるものか」という思いは強かった。

そこで、侍従岩倉具視《いわくらともみ》のとりなしにより孝明天皇は幕府との間に「和宮降嫁と引き換えに日米修好通商条約を破棄する」という約束をかわしたのである。実際のところ条約は破棄されず、日本が開国へと向かっていったのは、明治維新の歴史に見るとおりなのだが。

家茂と和宮の夫婦の深い絆

泣く泣く嫁入りした和宮だったが、江戸で出迎えてくれた第14代将軍徳川家茂は、15歳の物静かで清純な若者であり、和宮の心境をよくわかってくれた。

彼もまた、井伊直弼によって無理矢理歴史の檜舞台に引きずり出され、将軍としての力量不足をささやかれながらもけなげに幕府内の調整や朝廷との交渉にあたっていた。和宮同様、運命と戦う若者だったのだ。

14歳と15歳の新婚生活ゆえに、2人の暮らしぶりはままごとのようなものだったと言われるが、はたしてそんなに気楽なものだったのだろうか。

一歩外に出れば、常にきつねとたぬきの化かし合いのような幕末の政変の中にいて、2人は唯一お互いの弱みを見せ合い労苦をねぎらい合える夫婦だったに違いない。和宮にはなかなか子供ができなかったが、家茂は勧められても側室を持とうとはしなかった。この夫婦の深い絆を感じさせるエピソードだ。

だが、2人の幸福も長くは続かなかった。

結婚から4年後の1866年（慶応2年）に家茂は長州征伐のために上洛し、そこで体調を崩したまま大坂城で急死してしまう。

さらに翌年には孝明天皇も急死。天然痘《てんねんとう》で死去したという説と同時に、毒殺説も未だささやかれている。というのは最期まで「攘夷」を唱えていただけに、開国派から疎《うと》まれていたのも事実だったのだ。

親しい人々を次々に失った和宮は仏門に入り、静寛院宮《せいかんいんのみや》と称した。

その後も、大政奉還《たいせいほうかん》にあたって徳川慶喜《よしのぶ》の助命を嘆願するなど、幕府と朝廷との関係を取り持つために数々の働きをしたのち、1877年（明治10年）に箱根の元湯で静養中に逝去した。

享年32歳。兄も夫も時代に翻弄され、その渦中で命を落とした。一人、生き延びて維新を迎えた和宮は、明治という時代をどのような気持ちで生きたのだろうか。

岩倉具視と妹・堀河紀子
――孝明天皇の信頼と引き換えに失ったもの――

岩倉具視《いわくらともみ》の名前は、歴史の教科書でもおなじみである。明治維新後に行われた「岩倉使節団」の団長として取り上げられることが多い。

明治初期、日本は欧米諸国と結んだ不平等な条約を改正するために海外に使節団を送った。岩倉具視はその団長であり、団員には大久保利通、木戸孝允《きどたかよし》などがいた。

ところが、現地について早々に委任状の不備が発覚、条約改正はかなわなかった。

総勢100名以上の人間がそろっていたが、結局、欧米の進んだ文化と技術をとりいれる視察旅行に切り替えて1年以上ヨーロッパを見て回ったという。

ずいぶん適当な人だという印象をもつかもしれないが、幕末の岩倉具視には討幕派の公家としてもっと複雑な顔がある。

そしてその兄の野望と活躍に翻弄され、命まで狙われたのが実の妹、堀河紀子《ほりかわもとこ》なのだ。

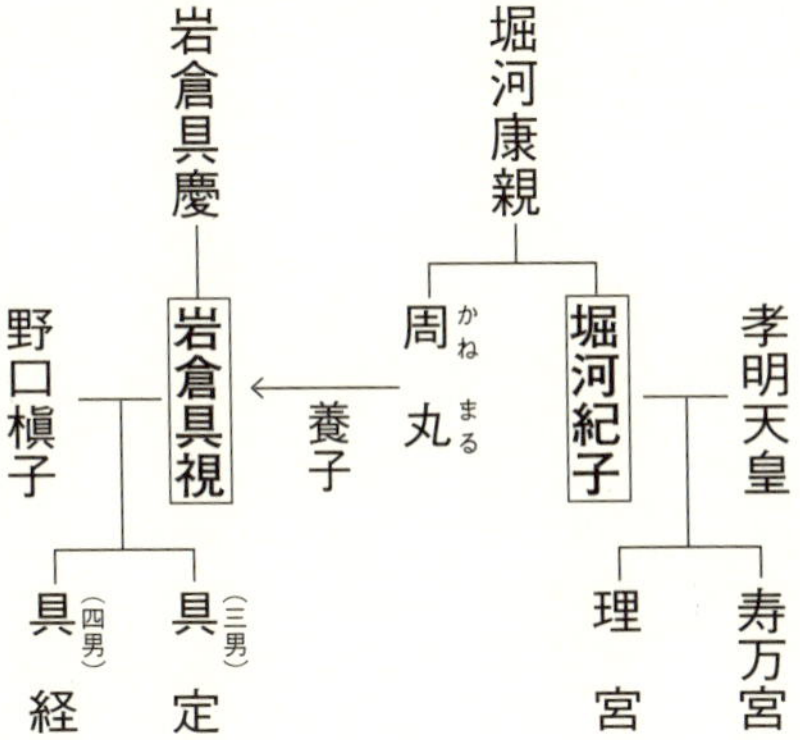

出世の蔭に紀子あり!?

岩倉の名前が日本史に登場するのは、幕末である。

教科書にはほとんど載らない話だが、岩倉はそもそも公武一体派の功労者だった。孝明天皇の妹・和宮親子内親王を第14代将軍徳川家茂へ降嫁させようという動きの中で、孝明天皇を説得したのは岩倉具視である。

岩倉具視は、1825年（文政8年）に前権中納言堀河康親《やすちか》の次男として生まれた。幼名を周丸《かねまる》といい、14歳の時に岩倉具慶《ともよし》の養子となって「具視」を名乗るようになった。

養子に入る少し前、実家の堀河家に女の子が生まれた。これが紀子で、具視より12歳離れた異母妹になる。

さて、岩倉家は公家といっても家禄が低く、自宅を賭博場に貸して生計を立てていた時期もあったほどだ。その低い家柄から、天皇に妹の降嫁を進言できるところまでどのようにしてのぼっていけたのか。そこには岩倉の才覚と同時に紀子の存在があったと言われている。

29歳の時、岩倉具視は五摂家《ごせっけ》のひとつで孝明天皇の摂政《せっしょう》である鷹司正通《たかつかさまさみち》の和歌の門下生となった。

ちょうどペリーの来航があった頃で、世の中は攘夷派と開国派のふたつに分かれて喧《かまびす》しい。

開国論者であった鷹司に対して、岩倉は「対外交渉には朝廷が主導権を持つべき」という持論をぶつけたという。これに感心した鷹司は、岩倉を天皇の侍従に推薦してくれたのである。

おりしもこの2年前、16歳の紀子は孝明天皇の女官として入侍《にゅうじ》していた。そして孝明天皇の寵愛を受けて2人の皇女を生んだのである。

ついには暗殺者とされた紀子の運命

朝廷の力を借りて幕府をもう一度再建しようとする公武合体派が、皇女和宮の降嫁を求めたのは、ちょうど堀河紀子が孝明天皇の皇女寿万宮《すまのみや》を生んだ翌年だった。折りしも、井伊直弼の行った「安政の大獄」で大勢の公家が犠牲になり、朝廷は人手不足。新参の侍従である岩倉具視にも活躍の機会が与えられた。

岩倉は、なかなか首を縦に振らない孝明天皇に対して「降嫁させることで、幕府に対して攘夷を要求すればよい」ともちかけたのである。

これは孝明天皇が極端な攘夷論者であったからで、朝廷が対外交渉をリードすべきと考える岩倉はこれがいい機会になると考えた。約束を実現させるために徳川幕府の老中や将軍とも話をつけ、「天皇の気持ちにそむくことはしない」という内容の将軍家茂直筆の誓約書もとりつけたのだ。

ところがこれが尊王攘夷派を激怒させた。岩倉具視とその妹堀河紀子らは、和宮降嫁を画策したとして尊王攘夷派のうらみを買い、悪人グループ「四奸《かん》二嬪《ひん》」の一味として命を狙われるようになる。

この時糾弾されたのは岩倉具視、久我建通、千種有文、富小路敬直、今城重子、堀川紀子だが、特に紀子は孝明天皇の寵愛を利用して天皇をそそのかしたとして、もっとも憎まれてしまったのだ。

1862年（文久2年）に和宮降嫁があった翌年、官と職を解かれた岩倉と堀河紀子は、その後も尊攘派から立て続けに「洛外に立ち退かなければ斬首し、家族も皆殺しにする」という脅迫を受けて、京都からも脱出せざるを得なくなる。

追っ手を逃れてあちこちの神社や寺を転々とするが、周囲を巻き添えにしても岩倉を惨殺しかねない勢いの尊攘派を恐れ、どこへいっても歓迎されない。

結局、先祖ゆかりの岩倉村にたどりついて、やっと腰を落ち着けることになる。

岩倉は、ここでもただ隠遁《いんとん》するだけでなく、今後の天皇政権のためにさまざまな案を練って文面化し始めた。

約5年間、岩倉具視はこの岩倉村に隠れ住むが、しだいに討幕派の桂《かつら》小五郎《こごろう》（木戸孝允）、大久保利通、西郷隆盛、坂本龍馬《さかもとりょうま》らが岩倉を訪れるようになる。岩倉の考える天皇制国家論が彼らを呼び寄せ、小さな村で日本のこれからについての策略が練りこまれ、そしてとうとう1867年（慶応3年）に、大久保利通らと王政復古のクーデターを決行することになるのである。

岩倉具視は維新政府では右大臣となり、冒頭の欧米視察を敢行。その後も伊《い》藤博《とうひろ》文《ぶみ》をプロシア（現ドイツ・ポーランド）に派遣するなど立憲君主制の確立のために力を尽くした。欽定《きんてい》憲法樹立は岩倉の悲願だったと言われている。

一方、堀河紀子は出家し、洛北《らくほく》の霊鑑寺《れいがんじ》で静かな暮らしを送っていた。ところが、その後も岩倉と孝明天皇にからんでその存在がとりざたされる。1866年（慶応2年）天然痘《てんねんとう》が悪化して死んだとされる孝明天皇だが、岩倉具視が妹を使って毒殺させたのではないかというのだ。

真偽は定かでないが、幕末の激動と策略家の兄に左右され、数奇な運命をたどった女性だったということはたしかのようだ。

徳川慶喜と臣下の兄弟たち

——改革を好む水戸徳川家の血流——

幕末に名を残した人物は数え切れないほどいるが、多くは革命期にありがちな、豪傑で強引なタイプか狡猾《こうかつ》な策略家タイプに分かれる。その中で、徳川幕府最後の将軍慶喜《よしのぶ》は「謙譲の美徳で無血革命をもたらした将軍」だ。

1837年（天保8年）、慶喜は徳川御三家のひとつである水戸徳川家に生まれ、11歳で徳川御三卿のひとつ、一橋家の跡取りとして養子に入った。早くから14代将軍に推す声は高かったにもかかわらず、紀州藩主徳川慶福（のちの家茂）を押す井伊直弼ら紀州派に押されて将軍への道を閉ざされてしまう。

その後「安政の大獄」では反幕派扱いされて謹慎処分を言い渡され、結局将軍職についたのは家茂亡き後のこと。就任期間はわずか一年足らずだった。

しかし慶喜は、その一年の間に幕府と朝廷との関係調整に才能を発揮し、政権を幕府から朝廷に返す「大政奉還」を決行、江戸に戦火をもたらさずに時代を江戸か

徳川斉昭

- 徳川慶篤
- 池田慶徳
- **徳川慶喜**
- 池田茂政
- 松平忠和
- 徳川昭武
- 松平喜徳
- 松平頼之

ら明治に変える幕引きをしたのである。

幕府の威信にこだわらず、卑怯《ひきょう》者扱いされても無益な戦いをできるだけ避け革命を進めた徳川慶喜の人柄と器の大きさは今も高く評価されるところだが、こうした性格はどのようにして育まれたのだろう。

水戸徳川家の〝血族力〟

そこには、父徳川斉昭《なりあき》の厳しい教育方針が浮かび上がってくる。

実は慶喜だけでなく、その兄弟10数人は、幕末の激動期、日本各地でのさまざまな政変や動きを語るのにどうしてもはずせない人物ばかりだ。

そもそも徳川斉昭は、お世継ぎの長男以外はすべて養子に出すべしという方針だった。これには、自分の成育歴も関係しているのかもしれない。

斉昭は第8代水戸藩主斉修《なりのぶ》の弟として生まれたために、30歳まで「部屋住み」という居候《いそうろう》のような状態で過ごしている。

その後、兄が子を作らずに死去したため斉昭は第9代藩主に就任し、年貢の不公平感を是正するための全領検地など数々の藩政改革を行う。

もともと積極的で改革の気風にあふれた性格だっただけに、部屋住みは窮屈きわまりなかったのだろう。

わが子たちには、若い時期を自分のように鬱々《うつうつ》と過ごさせたくないという思いが強かったのではないだろうか。

ちなみに、尾張藩主徳川慶勝《よしかつ》（2男）、会津藩主松平容保《かたもり》（7男）、伊勢桑名藩主松平定敬《さだあき》（9男）らを出した美濃高須の松平家も、もとをたどれば彼らの父親高須藩藩主義健が水戸徳川家からやってきている。

松平容保兄弟と徳川慶喜兄弟は又いとこという関係なので、幕末期の日本全土における水戸徳川家の血族パワーには強力なものがあったのだ。

慶喜の才能を見抜いていた父

徳川斉昭は水戸の藩校弘道館《こうどうかん》を建て、当時は珍しい医学校まで作った人物だが、今も地元に残る学派「水戸学」の資料によれば、わが子の教育にも熱心で非常に厳しかったらしい。

当時水戸徳川家は参勤交代を免除され、生活の大半を江戸で過ごしていた。ときどきは水戸に帰るという生活だったが、江戸で生まれた子供たちはみな1～2歳で親元を離れて水戸で育てられた。その理由は「都会の軽佻《けいちょう》の風俗が幼稚の心に浸

染」してはいけないからである。

実際に、水戸での子供たちの暮らしぶりは非常に質素なものだったらしい。日頃は一汁一菜《いちじゅういっさい》が原則で、肉や魚がつくのは月に3度だけ。着物は木綿ですそがほつれるまで着るし、冬でも素足だったという話もある。

そんな彼らの毎日のスケジュールはこうだ。

毎朝洗面が終わると座って四書五経を読むのだが、その間に家来たちが後ろに座って子供らの髪を梳《す》き整えながら、読み間違いがあると訂正する。食事の後は習字、そして弘道館へ行き午前中の講義のあとに夕方まで武芸の稽古《けいこ》。

夕食のあとも朝や昼にやり残した勉強をし、それが終わってからやっと寝ることが許された。

また、いたずらをしたり勉強を怠けた時の処罰も厳しいものだった。本をきちんと読まなかったなどの罪で、指と指の間にお灸をすえられる。それでも言うことをきかなければ、座敷牢に閉じ込めて食事抜きにしたというのである。

そんな中でも聡明で武道や馬術にも長け、負けん気でやんちゃも人一倍だったのが慶喜だった。兄弟と結託して養育係にいたずらをしでかすのも、いつも慶喜だったらしい。

父が6歳の慶喜を見抜いて「五郎（後の池田慶徳）は堂上風にて品よく、少しく柔和に過ぎ、俗にいふ養子向きなり。七郎（慶喜）即ち公は天晴名将とならん。されどよくせずば手に余るべし」と知人にしるした書簡も残っている。

「よくせずば手に余る」とは、「きちんとしつけないと傍若無人な人間になる」という意味である。名将になれそうだからといって甘やかさない、斉昭の教育方針が表われていると言えるだろう。

弟・昭武をフランス留学させた狙い

大政奉還後の慶喜は、倒幕派と鳥羽伏見《とばふしみ》で一戦を交じえるが、幕府軍が破れると海路でさっさと江戸に戻り、自ら水戸に謹慎してしまう。抗戦派から卑怯者扱いされても降伏の姿勢を貫いたからこそ、江戸は火の海にならずにすんだといわれる。

こうした潔《いさぎよ》さと欲のなさは水戸徳川家のほかの兄弟の面々にも見ることができる。

松平容保の養子になった19男松平喜徳は、鳥羽伏見の戦いから戊辰戦争に至るもっとも厳しい時期に藩主となり、会津鶴ヶ城の開城などの敗戦処理に苦労したにもかかわらず、容保に実子が授かるとさっさと藩主の座をゆずって水戸に戻ってきてしまった。

また岡山藩主となった9男池田茂政は、明治維新に伴う騒乱では朝廷派となったが、慶喜追討と江戸城総攻撃の命が下ると病を理由に隠居してしまう。時代の波にいやおうなく巻き込まれたものの、地位や名誉や保身のために兄との戦いをするには及ばないというわけである。

さて、慶喜ともっとも縁の深い兄弟といえば18男徳川昭武《あきたけ》だろう。1853年（嘉永6年）に生まれた昭武は慶喜との年齢差は21歳。慶喜はこの弟を後継者に考えていた。

1867年（慶応3年）、当時フランスと友好関係にあった幕府は、パリで開かれる万国博覧会（万博）に参加を決め、慶喜の代理として昭武に出席させた。

万博の後も昭武は日本に戻らず、慶喜の命令でフランス留学を続け、ヨーロッパ各国の元首とも積極的に外交を行った。次の将軍候補として、日本の政変に巻き込まれずに世界情勢を学んだ人間が必要と慶喜は考えていたのである。父徳川斉昭をはじめとし、水戸徳川家の兄弟にはこうした先見の名があり、改革を好む血が流れている。

実際のところ昭武に活躍の機会はあまりなかったようだ。フランス滞在中に慶喜はすでに将軍を失職してしまったし、廃藩置県によって昭武には水戸藩主としての地位も残されていなかった。

その後の昭武は陸軍勤務、フィラデルフィア万博の御用掛、再度のフランス留学を経て、「麝香間祗候《じゃこうのま》」という名誉職に就いた。これは旧士族のために作られた職で、決まった日に皇室に上がり、天皇の質問に答えるというものだったらしい。

晩年、慶喜は昭武ともっとも親しく付き合い、松戸にあった昭武の屋敷を訪ねては狩猟や焼き物、写真などの多彩な趣味を楽しんだという。

西郷隆盛と3人の弟たち

――新政府に引き裂かれた兄弟――

西郷隆盛《さいごうたかもり》は言わずと知れた薩摩藩《さつまはん》出身の明治維新の功労者だが、藩内では下級武士に属し、その生活は非常に貧しかったという。

当時の薩摩藩は、武士の人口が多かっただけに、他の藩よりもずっと厳しく階層を分けていた。

もっとも位が高いのは「御一門四家《ごいちもんしけ》」で、徳川幕府でいうところの御三家にあたるものだ。

次に、一所持《しょじ》(一郷の領主)、一所持格、寄合《よりあい》などの上級武士がいて、その下に小番、新番、御小姓与《おこしょうぐみ》、与力《よりき》という階層の下級武士がいるというように、全部で9ランクに分かれていた。

西郷隆盛の生家が属していたのは下から二番目の御小姓与だから、立派な下級武士というわけだ。

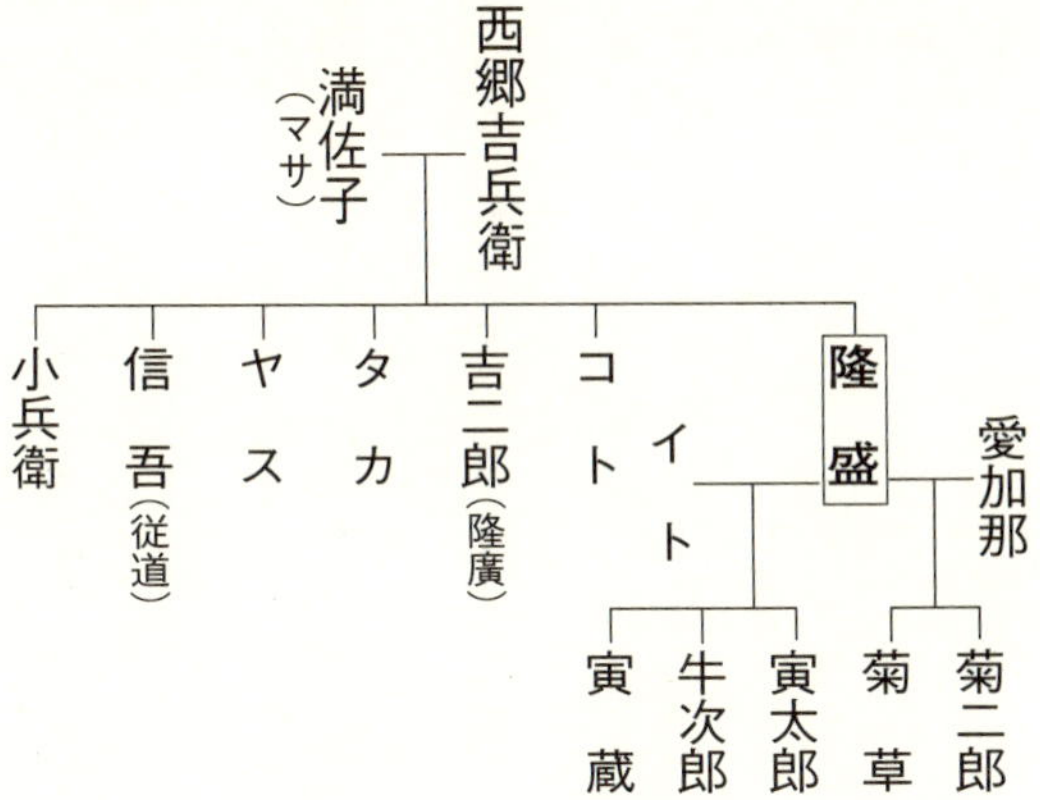

ひとつの町内で明治政府をつくる

西郷隆盛は男4人女3人の7人兄弟である。幼い頃は非常に貧しくて、隆盛を長男に7人の兄弟は数枚のふとんに重なり合うようにして寝ていたという。

貧乏は長じてからも続き、西郷隆盛が最初の結婚をした時には妻を加えて十数名の大家族だったという。

ふとんばかりか茶碗の数も足りないので、父母や年上の兄弟らが先に食べた後の茶碗を使って順次下のものが食べるという時代もあったらしい。まさに大家族ならではの風景といえるだろう。

もっとも、家族の絆があまりに強すぎるのも問題かもしれない。隆盛は最初の結婚を24歳でしているが、この妻とは子供をなさず早々に離婚してしまった。

それもどうやら隆盛の3人の妹との折り合いが悪かったから、らしい。結婚2年目で隆盛が主君主島津斉彬《しまづなりあきら》の参勤交代のお供で江戸にいる間に、実家に戻ってしまったという話も伝わっている。

当時、隆盛の両親はすでに亡くなっていたが、夫の姉妹といえば妻にとっては「小姑鬼千匹」とも言われる存在だ。新妻も、貧乏の上に鬼までいては…という気持ちだったかもしれない。

西郷家の貧しい食卓を囲んでいたのは、身内だけではなかった。親分肌で面倒見の良い隆盛の性格ゆえに、青年時代には下級武士仲間の大久保利通《おおくぼとしみち》や大山巌《おおやまいわお》らもこの家で食事をしていたという。

彼らはみな鹿児島市加治屋《かじや》町という同じ町の出身である。作家の司馬遼太郎氏は、著書『翔ぶが如く』の中で「ひとつの町内だけで明治政府を作ってしまった」と書いている。実際は「一家の食卓だけで明治政府を作ってしまった」といってもいいだろう。

このように、貧しいながらも西郷隆盛と兄弟たちとの連帯感はとても強かった。そこにはまるで強化合宿のような志気の高まりも生まれただろう。薩摩の下級武士の間から幕末の英雄や新政府の要人が多く現れたのも、こうした環境が影響しているかもしれない。

戦で生き別れた兄弟

西郷隆盛は、子供の頃のケンカで右ひじをケガし、腕を完全には曲げられなくなってしまった。このため勉学に精を出し、農政から陽明学までよく学んで薩摩藩主の島津斉彬に見出された。

江戸の参勤交代にお供し「庭方役《にわかたやく》」という私設秘書のような役目につき、しだいに斉彬のブレーンとしての力を強め、会津藩や水戸藩の尊皇攘夷派とも交流を深めて世界を広げていく。

当時の薩摩藩では島津斉彬とその異母弟である島津久光《ひさみつ》の跡目争いが長く続き、隆盛も巻き込まれて二度、島流しの憂き目に会っている。しかしそうしたトラブルを乗り越え、斉彬の死後もその志を受け継いで隆盛は薩摩を代表する軍部指導者として蛤《はまぐり》御門《ごもん》（禁門）の変や第一次征長戦争で参謀の手腕を発揮していく。こうして立身出世していく兄を尊敬しながら、3人の弟たちも軍人としての道を進んだ。

しかし、戦争は常に死の危険とともにある。まず、次弟の吉次郎《きちじろう》は戊辰戦争に従軍し、北陸征伐の戦火の中で命を落としてしまう。また23歳も年の違う4男の小兵衛《こへえ》は、西南戦争に薩軍幹部として参加し、有名な田原坂《たばるざか》の戦闘で指揮旗を振っているところを銃で打ち抜かれて死んでしまった。

同じ西南戦争で隆盛自身も命を落とすが、自分のあとを追うようにして軍人になった弟たちの早すぎる死を眼前にして、隆盛は何を感じただろうか。

一方、生きているがゆえに政治や社会の状況にはばまれて立場が離れ離れになってしまうこともある。

3男の従道《つぐみち》も、兄に引き立てられて明治新政府のブレーンとなり、廃藩置県の実施などに活躍して、陸軍少将となった。その後、隆盛が新政府のやり方になじまず下野した後も、従道は政府に残って大久保利通の参謀として活躍する。

西南戦争では、従道は政府軍、兄隆盛と弟小兵衛は薩摩軍として戦わざるを得なくなってしまう。この兄弟生き別れの蔭には、隆盛の盟友であった大久保利通の意向があったという。何度も薩摩に戻りたいといった従道をひきとめたのは利通であある。それは薩摩出身の官僚たちの間に動揺が起き、連鎖的に辞職する者や政府の方針に不満を持つ者が出るのを防ぐためだったのである。

結果的に、従道は政府の軍人として生涯を全うした。最後は海軍大将として大勲位を授けられている。

「うちの人はこげな人じゃなか」

同じ薩摩の下級武士仲間だった大久保利通や、隆盛が押し上げた弟従道がこのように中央に残ったというのに、隆盛は政府のやり方に自分を曲げることができず、薩摩に戻るしかなかった。そして晩年は反政府の中心人物に祭り上げられて西南戦争を引き起こし、地元鹿児島の城山で自刃《じじん》した。

それは、結局隆盛の昔かたぎな考え方が、近代資本主義とかみあわなかったからだと言われている。極貧の中で育ち、「敬天愛人《けいてんあいじん》（天を敬い人を愛す）」を座右の名とした隆盛は、生涯にわたって金銭や女性問題などでもクリーンな人間だった。

ただそれがすぎて資本主義的な産業振興の政策にはついていけなかった。明治新政府の「富国強兵」政策は財閥《ざいばつ》とのつながりも強かったが、それも隆盛には〝エコノミック・アニマル〟に見えてしまったのだろう。

鹿児島に戻ってからは田畑を耕す一方で私学校を作り、農業立国的な思想を故郷の若者たちに伝えようとしている。その私学校の学生らによる反政府活動を支援するかたちで決起し、西南戦争が勃発、１８７７年に鹿児島城山で自決した。

地元鹿児島では厳格な軍人として知られる西郷隆盛も、東京ではなぜか朴訥《ぼくとつ》で庶民的なイメージが強い。東京都台東区にある上野の森の西郷隆盛像はまさにその象徴で、浴衣姿の隆盛が犬を連れて散歩している。上野の銅像の序幕式に立ち会ったイト夫人が「うちの人はこげな人じゃなか」と叫んだそうだが、厳格な隆盛がこんな格好で人前を歩くものかと言いたかったのかもしれない。

第2章

兄弟は「他人」のはじまり

～争いが残した兄弟の遺恨～

天智天皇と弟・天武天皇
——額田女王をめぐる兄弟の争い——

歴史の教科書で一番初めに紹介される派手な兄弟げんかといえば、やはり中大兄皇子《なかのおおえのおうじ》と大海人皇子《おおあまのおうじ》のいさかいだろう。

2人は、舒明《じょめい》天皇と宝皇女《たからのひめみこ》（皇極《こうぎょく》天皇）の間に生まれた兄弟である。2人の間にはもう1人間人皇女《はしひとのひめみこ》という女兄弟がいて、孝徳《こうとく》天皇の皇后になっている。

この2人の兄弟と中臣《なかとみの》（藤原）鎌足《かまたり》とは、大化改新や白村江の戦いをともに乗り越えた仲間であり、この時代の政治的指導者でもある。

中大兄皇子が天智《てんじ》天皇として即位した後も、大海人皇子は重職を与えられ多くの家臣を味方につけていた。

ところが、2人の間には決裂する原因がふたつあった。「女性問題」と「相続問題」である。

天智天皇の皇后である額田女王《ぬかたのおおきみ》はそもそも大海人皇子の妻だった。2人の間には

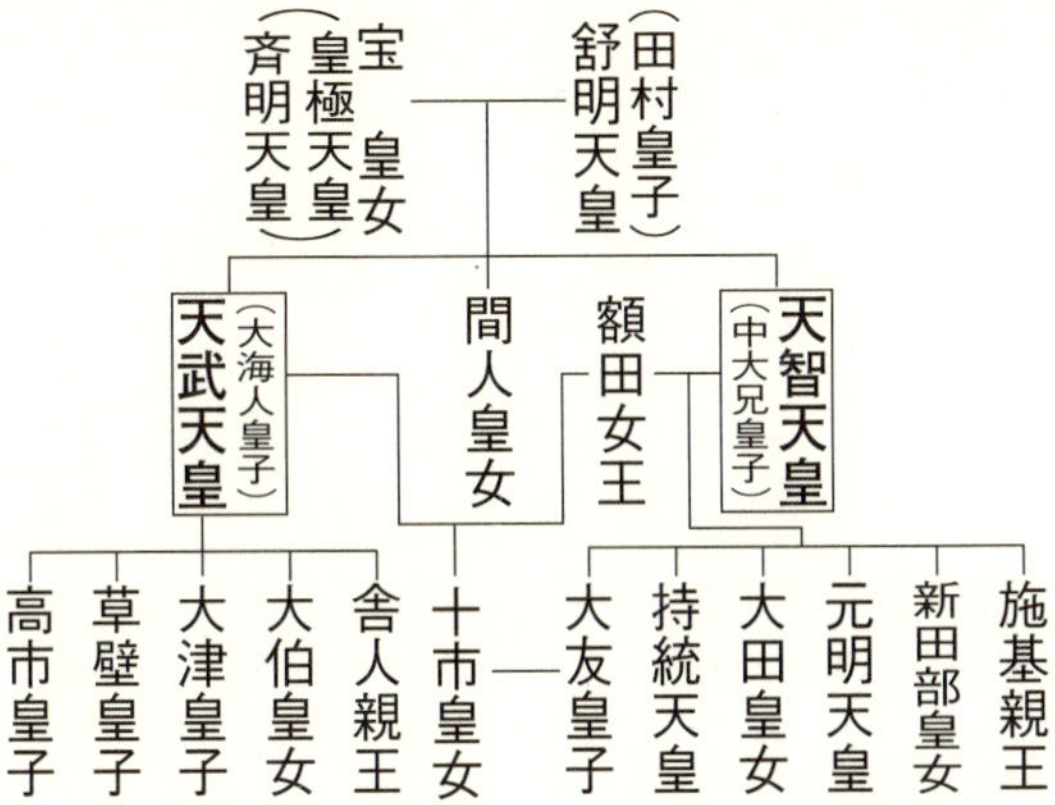

十市皇女《とおちのひめみこ》という娘も一人いる。

それがどのような理由かわからないが、天智天皇にとられてしまった。そしてその後も大海人皇子は元妻の額田女王に未練たっぷりなのだ。

「あかねさす紫《むらさき》野《の》行き標野《しめの》行き野守《のもり》は見ずや君が袖振る」

『万葉集』の中でも有名なこの歌は、天智天皇の前でもこれみよがしに愛情表現しようとする大海人皇子に対し、額田女王が「人が見ているから…」と戒めた歌だとする説がある。

そんなこともあって、天智天皇がその座を誰に譲るかということは周囲の耳目を大いに集めていたのだ。

それまでの功労から考えれば、満場一致

で第一候補は大海人皇子である。ところが、その頃には天智天皇の長子の大友皇子《おおとものおうじ》も20歳をすぎて立派な若者に成長していたのだ。こうなると実の息子に譲りたいと思うのが親心というものだろう。

やがて太政大臣中臣鎌足が高齢のために亡くなると、天智天皇はその後に大友皇子をすえる。宮中では「これはわが子に皇位継承しようという布石ではないか」ともっぱらの噂になった。おもしろくないのは大海人皇子なのだが、天智天皇という人物は、かつて宮中で蘇我入鹿《そがのいるか》を刺して蘇我氏を滅亡させたように、カッとなると思い切った行動をとるタイプなのだ。

皇位をあきらめるわけではないが、大海人皇子としては機会をうかがっていたということなのだろう。

やがて病床についた天智天皇は、大海人皇子を「話があるから」といって呼び寄せた。普通なら遺言として「皇位をおまえに譲る」という話になるはずだが、大海人皇子には長年つきあった兄の魂胆が読めてしまった。

のこのこと出かけていけば飛んで火にいる夏の虫。おそらく影に潜んだ家臣に切りつけられて、命を落とすはめになるだろう。

そこで大海人皇子は丁重に断り、その場で「天皇の平癒《へいゆ》祈願のため」と頭を丸めて吉野の里にひっこんでしまうのだ。

やがて天智天皇は崩御《ほうぎょ》。宮中は皇位継承をめぐって大友皇子派と大海人皇子派に分かれて内乱が起こる。これが「壬申《じんしん》の乱」（672年）である。

衝動的な兄と、辛抱強い弟

前述のとおり天智天皇こと中大兄皇子は衝動的なタイプだったが、ではその弟の大海人皇子はどうだったのか。

たとえば、天皇崩御の知らせを受けても大海人皇子はすぐ挙兵しようとはしなか

った。それどころか、大海人皇子を慕って大津からやってくる家臣に対し、「自分は隠居を解くつもりはないので宮中の職を失いたくないものは都に帰るように」と繰り返し諭しているのである。

その心は、本当に自分を慕っているのか、それとも大友皇子の送り込んできたスパイなのかを見極めているのだろう。あくまでも慎重派で、絶好の機会がくるまで待つタイプといえる。

父亡き後の皇室を背負うはずの大友皇子は、大海人皇子の様子に不気味さをこらえることができない。カッとなる気質を父から受け継いだのだろうか、とうとう自分から大海人皇子追討の兵を挙げてしまうのである。

大海人皇子はこれを迎え撃ち、琵琶湖の外周から吉野、鈴鹿、桑名、美濃の関ヶ原あたりまでが戦の舞台となった「壬申の乱」が始まるのである。

大海人皇子の賢いところは、「戦うつもりはなかったが、攻撃されればしかたがない」という正義は自分にあるというスタンスを崩さなかったことだろう。翌年、大友皇子の兵を打ち砕き、飛鳥《あすか》に新しい宮を作って天武《てんむ》天皇となったのである。

天武天皇は、天智天皇の跡を継いで国の政治を皇室中心の身分制度の元に一本化する政策を推し進め、律令の制定や国史の編纂も行った。「日本」という国号や

「天皇」という称号もこの時期に確立したものである。

兄の娘を妻にする弟の謎

ところで、天智・天武の兄弟関係については古くからいくつかの疑問があげられている。

まず第一に天武天皇の年齢である。天智・天武以前には国史の編纂が整っていなかったという事実はあるが、天智天皇が６２６年から６７１年まで生存したと『日本書紀』に明らかなのに対し、それより後に生まれたはずの天武天皇は出生年がはっきりしていない。

さらに、室町時代に成立した『本朝皇胤紹運録《ほんちょうこういんじょううんろく》』などによれば、天武天皇が亡くなったのは65歳だというのである。

天武天皇が崩御して妻の持統《じとう》天皇が跡を継いだ６８９年に65歳とするなら、生まれたのはなんと天智天皇よりも先になってしまう。

天武天皇の妻をめぐる問題もある。天智天皇には４人の皇女がいたが、４人とも天武天皇の妻になり、舎人親王《とねりしんのう》や大津皇子《おおつのみこ》らの子供をもうけているのだ。

古墳時代から平安時代にかけての日本は一夫多妻制であるが、実際は子供は母親と一緒に暮らして夫がその家々をまわって暮らす母系社会だった。このため、父方の血縁があっても母親が違えば兄弟といえども住む家は違い、会うこともない。ファミリーという感覚は無きに等しいのだ。

こうした母系社会の慣習は武士社会でも側室という伝統として受け継がれているが、当時はもっとオープンだったようだ。

異母兄妹やいとこ同士、叔父と姪などの婚姻も広く一般的に行われていたという。ちなみに、天武天皇と額田女王との間にできた十市皇女は大友皇子の妻になっている。十市皇女にとって壬申の乱は、父親と夫の戦いでもあったのだ。

それにしても、天智と天武が同父母兄弟だとするなら、姪っ子を全部妻にしてしまうのはどうだろう。そこで、2人は異母兄弟ではないかとか、どちらかが養子ではないかという疑問が出てくるのである。

新しい資料が見つかるまで、この謎は永遠に解けないのかもしれない。

源頼朝と弟・義経

——日本中を巻き込んだ兄弟げんか——

「判官《ほうがん》びいき」という言葉がある。

兄に追われて各地を放浪し若くして滅んだ源　義経《みなもとのよしつね》公のような、薄幸の人物に肩入れしたがる日本人の心性を表した言葉である。

その義経と兄の源頼朝《よりとも》は異母兄弟である。源義朝《よしとも》の９人の息子のうち、頼朝、義門《よしかど》、希義《これよし》の３人は、義朝の正室であった藤原季範女の子供で、末っ子の義経、義圓、阿野全成《あのぜんじょう》の３人は側室の１人であった常盤御前《ときわごぜん》の子供である。

常盤御前は、京都九条院に雑仕女として仕えていたが、その美しさは広く知られていたらしい。義朝が平治《へいじ》の乱で負けると、捕らえられて平　清盛《たいらのきよもり》の妻となるが、常盤御前のこうした経歴も頼朝が義経を憎む原因のひとつだったかもしれない。

さて、兄弟といっても別の母親の元で育った２人は、１１８０年（治承４年）に起こった源平の合戦まで一度も顔をあわせずに過ごした。

初めて出会ったのは、富士川で平家軍と対陣した頼朝のもとに弟義経が遠く陸奥《むつ》国から馳せ参じた時である。

歌舞伎の『義経千本桜《せんぼんざくら》』にもあるように、陣中に訪ねてきたその若者が弟だと知って頼朝は感動の声を上げる。

1159年の平治の乱で父や同母の兄2人を殺され、自身も21年間島流しにあい孤独だった頼朝は、この時本当に血のつながりを心強く感じたのではないだろうか。目の前の、いかにも勇敢そうな若者の手をとって泣いて喜んだという。

ところが、頼朝と義経は武将としての振舞い方や兵法もまったく正反対だった。頼朝が綿密な戦略家であり、人を動かしその気にさせるコツをつかんでいるのに対し、義経は細かい戦略を立てる人間ではなく、直感で切り込み攻めていくワイルドなタイプである。

このため、最初のうちは頼朝の周囲でも義経に対して「普通の武将のように軍の真ん中で指揮するのではなく、自ら先頭に立って攻め立てる、勇気のある立派な武将だ」という評価が高かったが、戦が激しくなってくると、先頭に立っているばかりでは周囲が見えず、スタンドプレーに陥りやすい。

頼朝が計算のできる左脳タイプだとすれば、義経は直感が働く右脳タイプだった

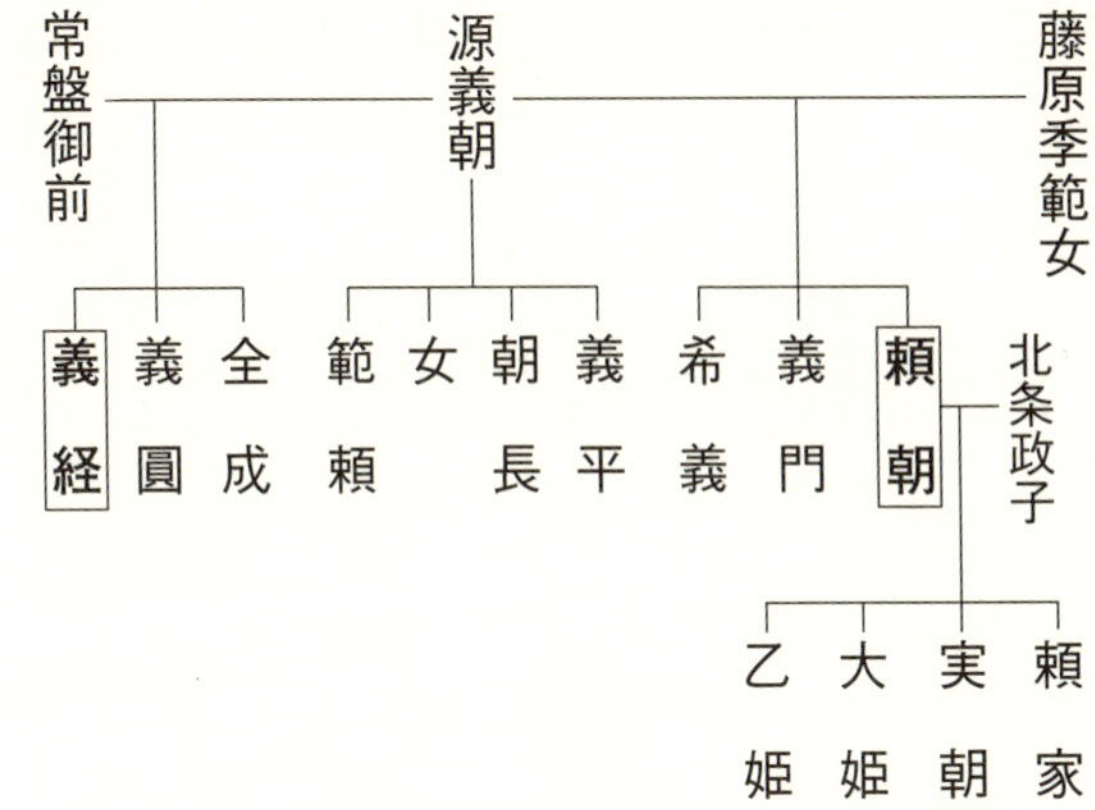

のだろう。右脳タイプの人は自己の信念にのみ忠実といわれるが、実際、頼朝のアドバイスを義経は聞き入れなかったという。
　この兄弟仲の悪さにつけこんだのが、この頃の政界の黒幕、後白河《ごしらかわ》法皇である。

同じ遺伝子だからこそ許せない

　1183年、頼朝のいとこの源（木曽）義仲《よしなか》が京に攻めのぼって平清盛亡き後の平家を追い落とす。ところがその義仲が京で収奪を繰り返しているとして、後白河法皇から頼朝にSOSが入るのである。

　そこで頼朝は、義経と別系の異母弟であ

る範頼《のりより》を京に差し向けて義仲を討たせる。さらに、そのまま2人を西へ向かわせ、彼らは京から落ちた平家を壇ノ浦《だんのうら》で滅ぼした。

しかし、この時頼朝がもっとも警戒していたのは自分を頼ってきた後白河法皇だったのだ。武士同士を戦わせている間に鎌倉を滅ぼし、再び天皇が主導権を握ろうという魂胆が見え見えだったからである。

そこで頼朝は、緊急事態に備え鎌倉を一歩も離れず、弟たちにはこういい含めたのだ。

「みだりに朝廷と仲良くしてはいけない。位やほうびをもらってはいけない」

位をもらうということは朝廷の臣下になるということを意味する。地位や名誉をもらうことで、相手に取り込まれるなということである。自分は戦略家だけに、頼朝は相手の戦略を見抜く目も持っていたのだろう。

ところが、義仲や平家の征伐を終えた義経は、京で後白河法皇とすっかり仲良くなってしまった。法皇に心を許し、独断で朝廷から「判官」つまり検非違使《けびいし》の位をもらってしまったのである。

これは後白河法皇の策略だったと言われている。兄弟の仲を壊すことによって、強大な勢力を持ち始めた頼朝を弱らせ、源氏そのものの勢力を取り崩そうとしたの

だ。

ここまで来ると、後白河法皇と源頼朝の頭脳合戦の間に立って右往左往させられる若き義経が哀れに思えてくる。

頼朝にとっては、同じ優秀な武将であった父の遺伝子を持つ弟だからこそ安易な行動が許せなかったのだろうか。それとも、自分の道を達成するためには、弟といえども邪魔はさせないということだったのだろうか。

いずれにしても義経は頼朝から二度と許されずに全国を逃げ回ることになる。最後は奥州《おうしゅう》の藤原秀衡《ふじわらひでひら》のもとに隠れていたところを、秀衡の子の泰衡《やすひら》に殺されてしまったのである。

泰衡にとっては奥州藤原の家を守るため

の行為だったのだが、頼朝にとってはこれも他家をつぶすチャンスだった。大軍を奥州へ送り、義経をかくまった罪で藤原氏を滅ぼしてしまうのである。

ちなみに、鎌倉時代に全国に配備された守護《しゅご》と地頭《じとう》はもともと義経を探し出すという名目でおかれている。

そんな日本中を巻き込んだ頼朝と義経の兄弟げんかを、他の兄弟はどうみていたのだろうか。

義経の同母兄である全成は、平治の乱のあと出家させられていたが、源平の戦いに義経と同様参戦し、その功績によって駿河国阿野庄を与えられ阿野を名乗るようになった。そして住まいの一隅に本堂を建てて源氏の祖先の霊を弔ったという。

その後、鎌倉幕府を築いた頼朝が1199年に没し執権の北条氏の力が強くなると、源氏の血を受け継ぐものとして兵を挙げ、謀反の罪でとらえられ、常盤国で処刑されたという。

伊達政宗と弟・小次郎
――母の愛を弟に奪われた兄の決断――

生物学には「利己的遺伝子」という考え方がある。これは、生物は自己の遺伝子が生き残る方法を常に考えているという説だ。

それによれば、生命力の弱い子供よりは強い子供のほうが親に好まれることになる。強い子供のほうが親の遺伝子を末代まで伝える可能性が高いからだ。

「独眼流《どくがんりゅう》」で知られ後世にも人気の高い戦国武将の伊達政宗《だてまさむね》は体が弱い子供だった。のちに、母に疎まれて弟との間で壮絶な跡目争いが繰り広げられるわけだが、これも母の利己的遺伝子のせいだとすると少しは説明がつくのである。

政宗は伊達輝宗《てるむね》の世継ぎとして1567年（永禄10年）米沢城に誕生した。母は最上義光《もがみよしみつ》の妹、義姫《よしひめ》（最上殿《もがみどの》）で、政宗の幼名は梵天丸《ぼんてんまる》という。

婚姻後すぐに子供ができなかったということもあって、最上殿にとって政宗は待ち望んだ長男だった。何しろ、正室は世継ぎを生んでこそ大きな顔ができるというもの。自分の地位を守るためには嫡子が必要だったのだ。

ところが、政宗は5歳の時、疱瘡《ほうそう》にかかってしまう。なんとか一命は取り留めたものの右目は利かなくなり、醜い顔立ちになってしまった。政宗はそんな自分の顔を恥じ、人前に出ることを嫌い、内向的な性格になっていく。

若い頃から「鬼姫《おにひめ》」とあだ名されたほど気が強く、より好みの激しい母最上殿はそんな政宗をすっかり嫌うようになる。病後の顔かたちを気味悪がって近寄せようとせず、母の愛情を弟の小次郎《こじろう》にばかりそそいだのだ。

そして、しだいに次男の小次郎を世継ぎにさせたいと画策するようになったのである。

弟の小次郎は幼名を竺丸《じくまる》といい、その生年には1568年説と1578年説があって政宗とは1歳違いとも11歳違いとも言われている。

さて、母の愛を弟に奪われてしまった政宗だが、父は政宗に武将としての才覚を見出していた。名参謀として伊達家に仕えていた片倉景綱《かたくらかげつな》を養育係とし、醜い顔や片目のコンプレックスをはねのけて能力を発揮できるよう帝王学を身につけさせたのである。

1584年(天正12年)、輝宗はまだ41歳だったが、最上殿とその側近の小次郎

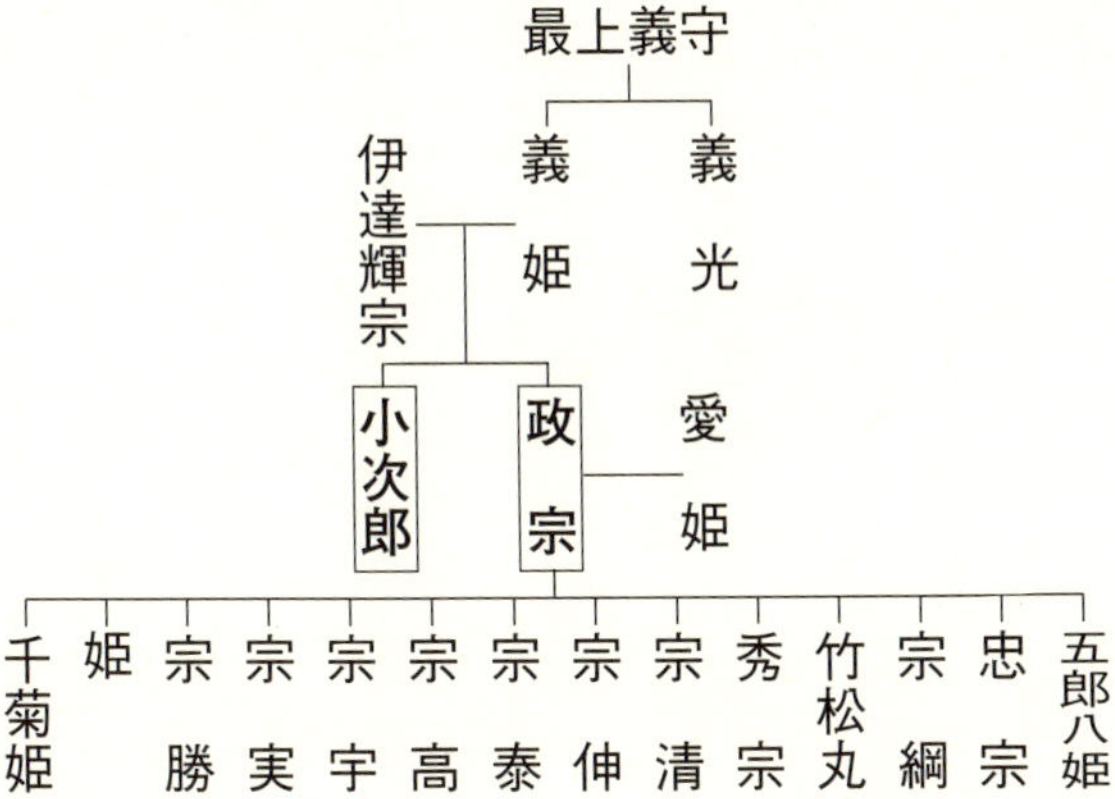

擁立の動きを封じるかのように18歳の政宗にさっさと家督をゆずってしまった。そしてその直後、宿敵である畠山《はたけやま》（二本松《にほんまつ》）義継《よしつぐ》との戦いで人質にとられ、命を落としてしまうのである。

この時、義継も輝宗も伊達方の銃弾で死亡したことから、政宗は実の父を見殺しにしたというそしりをまぬがれなかった。

実の母に毒を盛られて弟を斬る

名実ともに政宗は伊達家の当主になり、父の敵である畠山氏をはじめ蘆名《あしな》氏らを滅ぼして会津までの領地を手に入れる。さらに、その後5年の間に周囲の武将を次々と攻略して、福島、宮城、岩手など奥州66郡のうち半分以上を配下に治めてしまう。

ところが、そんな快進撃を快く思わないのが、尾張以西を支配していた豊臣秀吉である。1590年(天正18年)、秀吉は小田原征伐を開始し、政宗の忠義を確かめる意味で何度も参加を呼びかけた。しかし政宗はなかなか腰を上げようとせず、ようやく出陣しようとした前日、母に招かれた食卓で血を吐いて倒れるのである。

母はこの時もまだ政宗をしりぞけて小次郎に実権を握らせたがっていた。出陣が遅れたことで政宗はすでに秀吉の怒りに触れている。今さら行っても逆に敵方とみなされて攻撃を受け、伊達家は滅びてしまうに違いない。

そうなる前にお家騒動がおきたことにして政宗を毒殺し、小次郎を立てて伊達家の存続を図ろうという魂胆だったと言われている。

また、この陰謀の影には母の実家である最上家の思惑があったともいう。しかし政宗は一命をとりとめた。そして、母の代わりに、主君暗殺の罪で弟小次郎を成敗《せいばい》、「7代にわたる勘当」という罰まで言いわたしている。斬り殺しただけではおさまらないという意味なのだろう。この時、小次郎は13歳とも23歳とも言われている。

また、政宗はあらかじめ母の陰謀を知っていたのではないかという説もある。命に別状はないことまでわかったうえで毒を飲み、弟の小次郎を斬る口実にしたとも

言われているのだ。

　では、小次郎自身はどうだったのだろうか。13歳であればまだ元服も済ませず、母と兄の政争にまきこまれて死んだ悲劇の貴公子というしかないだろう。

　しかしもし23歳とするならば、この暗殺劇にどのようにかかわっていたのかが知りたいところではある。いずれにしても、母や側近の暗躍に守られるようにして生活したためか、小次郎は今ひとつ実態のつかめない青年で、出陣の記録も残っていない。

　その後、母を最上家に送り返した政宗は、秀吉の求めに従って小田原に出向くことになる。そして、小田原城を落とそうと石垣山に陣取る秀吉の前に白い死装束《しにしょうぞく》を身に着けて姿を現すのである。

これは「出遅れたおわびにあなたに命を預け、どのような罪でも受けましょう」という政宗一流のパフォーマンスだった。実際、「政宗許すまじ」と思っていた秀吉も、これでは成敗できなくなってしまった。

このように戦略に長け、相手をうならせるようなイキなセンスがあったところから、今も「伊達者《だてもの》」というと「見栄っ張り、男気のある派手な振る舞い」という言葉として残っている。

このパフォーマンスのおかげで、伊達政宗の領地は仙台一帯に削られながらも伊達62万石を認められて家督を残した。

実母に嫌われ実父を見殺しにしたとされ、実の弟も自らの手にかけて殺し、家庭的にはまったく恵まれなかった政宗だが、長じては正室側室合わせて14人の子供に恵まれた。その後は、徳川家康・秀忠・家光の3代の将軍に仕えて70歳まで生きて名将と言われた。伊達家は江戸時代を経て明治まで続くことになる。

徳川家光と弟・忠長
――両親の偏愛が招いた悲劇――

日本の社会では、代々長男が家を継ぐ「嫡子相続」というシステムが伝統的である。しかし、もしもその長男よりも次男のほうが優れている時はどうするのか。

戦国時代の混乱期を勝ち抜いて江戸幕府を開いた徳川家康《とくがわいえやす》はこう考えた。

「お家騒動を防ぐためには、それでも嫡男相続すべし」

その英断に救われたのが、第3代将軍の徳川家光《いえみつ》だ。家光は、1604年（慶長9年）、2代将軍秀忠《ひでただ》とお江与《ごう》の長男として生まれた。お江与は織田信長の妹お市の方の3女で、豊臣秀吉の側室淀君の妹である。

幼少時代の家光（幼名竹千代《たけちよ》）は、陰気くさくてパッとしない子供だった。両親は2年後に生まれた次男忠長《ただなが》（幼名国松《くにまつ》）を溺愛《できあい》していて、周囲も活発で聡明な忠長のほうに、お世継ぎとしての才覚を認めていたという。

なぜ、家光が両親から疎《うと》まれたのかという理由はいくつか伝わっている。まず、秀忠夫妻には家光の前に男の子が生まれたが、家光が生まれると同時にこの子が死んでしまった。このショックから家光をかわいがることができなかった、という説がある。

さらに、家光の乳母を務める春日局《かすがのつぼね》とお江与との折り合いが悪く、春日局を慕っている長男まで憎く思えてきたという説もある。

どちらにしても、親から疎まれた子供というのはなかなか自信を持って行動できず、どこか影のある子供になりがちだ。幼少期の家光がネクラだったというのも、うなずける話なのだ。

さて、兄弟が成長するにしたがって城内の「国松さまにお世継ぎを」という雰囲気はさらに濃厚になってきた。そこで、乳母の春日局は思い切って家康の隠居先である駿府《すんぷ》に出向き、長男家光が継ぐべきと直訴するのである。この件で、江戸城にやってきた家康のエピソードは有名だ。

上座《かみざ》に座った家康の前に竹千代と国松の2人の孫が呼ばれる。家康は竹千代を手元に呼び、隣に座らせた。すると弟の国松も当然そばに来ようとするが、それを制して「兄は将来世継ぎとなる身、弟は臣下となる身、同列に並ぶことは許さぬ」と下座に座らせたのだ。

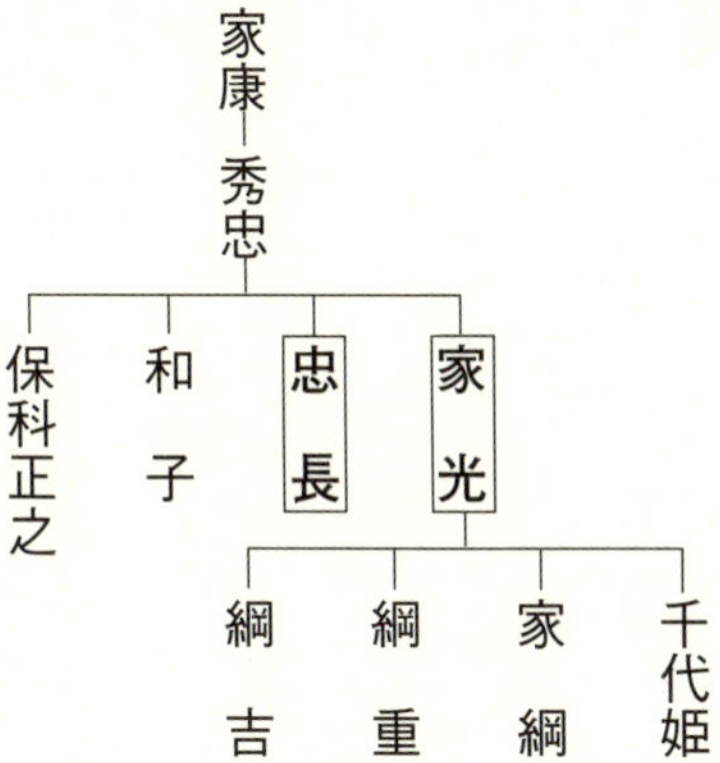

この家康の鶴のひと声で、家光が跡を継ぐことに誰も異論をはさむことができなくなった。家光12歳の時のできごとだった。

当時は「入り鉄砲に出《で》女《おんな》」といって女性が1人で江戸の外に出ることは禁止されていた。春日局はまさに命をかけて家康の元にでかけたのだ。

その行動力には、あとで真実を知った家光も驚き、生涯、感謝したという。

「生まれながらの将軍」の意外な思慮深さ

その後は嫡男相続の大原則がゆらぐこともなく、1623年（元和9年）、家光は朝廷より征夷大将軍の宣旨《せんし》を受け、徳川幕府第3代将軍になった。

この時、諸大名を一堂に集めて「生まれながらの将軍」宣言をしたのもよく知られている。

「祖父、父は諸侯の授《さず》けを得て将軍になったが、私は生まれながらの将軍であるから、すべての大名方は臣従すべし。異論があるなら国へ帰って一戦の準備をされよ」といったのだ。

けっして傲慢《ごうまん》な自信家だったのではなく、こういうことで大名たちの忠義心を確かめたのだろう。子供の頃に両親の愛を感じられなかったせいか、家光は用心深く人を安易に信用しないところがあった。

しかしそんな性格が将軍として功を奏し、大名の反乱を防ぐための参勤交代などの新制度を編み出したのだ。

ただ家光は、若い頃はなんと男色者だったそうで、春日局が必死で女性に興味を持たせるようにしたものの、子供をもうけるのは遅かった。

最初の子供の千代姫《ちよひめ》が生まれたのは1637年（寛永14年）で家光が33歳の時である。その後家綱《いえつな》、綱重《つなしげ》、綱吉《つなよし》と男子にも恵まれたが、1651年（慶安4年）に死去した時に跡継ぎの家綱はまだ10歳であった。

家光は遺言として弟の保科正之《ほしなまさゆき》に家綱の後見を頼んでいる。保科正之は家光より7歳下の異母弟で信州高遠の城主保科正光《まさみつ》の養子となった。

正之は学問好きで孟子の教えに精通し、人は努力さえすれば「仁・義・礼・智」の四徳を兼ね備えることができるという性善説にたって仁徳政治を志したという。

その後、会津23万石の藩主となり、殉死の禁止など幕府にさきがけて藩政改革を行った。異母兄弟ではあるが、家光はこの弟を高く評価していた。

また、異母妹の和子は14歳で後水尾《ごみずのお》天皇に輿入れし、のちの明正《めいしょう》天皇らを生んだ。

当時、幕府は天皇・公家に対して「禁《きん》中並《ちゅうならびに》公家諸法度《くげしょはっと》」という規制をしき管理を強めていたため、朝廷内部にいて幕府との関係を取り持つ存在が必要だった。

和子はこの役割を見事に演じ、後水尾天皇の生母の中和門院《ちゅうかもんいん》にかわいがられて生涯一度も江戸には戻らなかったという。

そんな優秀な兄弟の中で問題児はやはり次男の忠長だろう。「そなたがお世継ぎ」と両親に溺愛されていたのに、家康のあのひと言で庶子の立場に転落してしまった。世継ぎだと思えばこそちやほやしてくれた家臣たちの態度も、変わってしまった。その恨みつらみから、生涯立ち直ることができなかった。

父から甲斐・信州小諸・駿府など合計50万石を与えられたものの、「将軍になるはずだったのに」と思うと、少しもありがたくない。

結局、まともな藩政を行えず、最後には狂気の沙汰ともいえるような振る舞いのために上州高崎城に幽閉され、1633年（寛永10年）、28歳で自ら命を絶つのである。

もし春日局がいなかったら、そして家康の英断がなかったら、3代将軍は忠長になっていたかもしれない。そうだとしたら、徳川幕府の寿命もだいぶ変わっていたのではないだろうか。

小林一茶と弟・専六
——俳句に詠まれた腹違いの弟への思い——

「我と来てあそべや親のないすずめ」

あまりにも有名な小林一茶《こばやしいっさ》の句である。この句の下には「6歳弥太郎」と書かれているが、実はこれは一茶が52歳の時に詠んだ句である。

幼名を弥太郎《やたろう》といった小林一茶は、１７６３年（宝暦13年）、雪深い信濃国柏原《しなののくにかしはら》に生まれた。柏原とは現在の長野県上水内郡信濃町界隈のことで、弥太郎の家はこのあたりでは中規模の農家だった。生まれた頃は長男として両親と祖母に大事に育てられたようだ。

ところが弥太郎が3歳の時に母親が死に、しばらくは祖母に育てられたものの8歳の時に新しい母親がやってくることになる。

継母の名前はつがと言ったが、翌年、父とそのつがとの間に腹違いの弟の専六《せんろく》が生まれるのだ。

小林一茶の俳句には、冒頭の「我と来て…」にしても、「すずめの子そこのけそこのけお馬が通る」や「やれ打つなハエが手をすり足をする」などにしても、明るく飄々《ひょうひょう》とした感じとともに、どことなく世をすねたような、ひがみっぽいところがあるのも特徴である。そんな作風に影響を与えているもののひとつが、実はこの弟の存在なのである。

弥太郎は新しい母と気が合わず、いつも弟の子守りばかりさせられ、満たされない思いで少年時代を過ごしたという。

幼い頃に実の母を失い、物心つく頃には継母が家にいて、一茶は弟に比べて愛されていないことを常々感じていたのではないだろうか。当時の日本では年かさの子が小さな子供の子守りをするのはごくふつうの光景だが、継母だと思うだけで「本当の母ならこんなことはさせないのに」「自分にばかりつらくあたって」と感じてしまったようだ。

一生懸命子守りをしているのに泣いて困らせる弟に、両親の愛に恵まれた者への嫉妬を感じていたのだろう。継母ともソリが合わず、いつの間にか2人の間はどんどん離れていってしまったのだ。

馬につぶされそうなすずめや打たれそうなハエを詠んだのは、弱者の側に立つ視

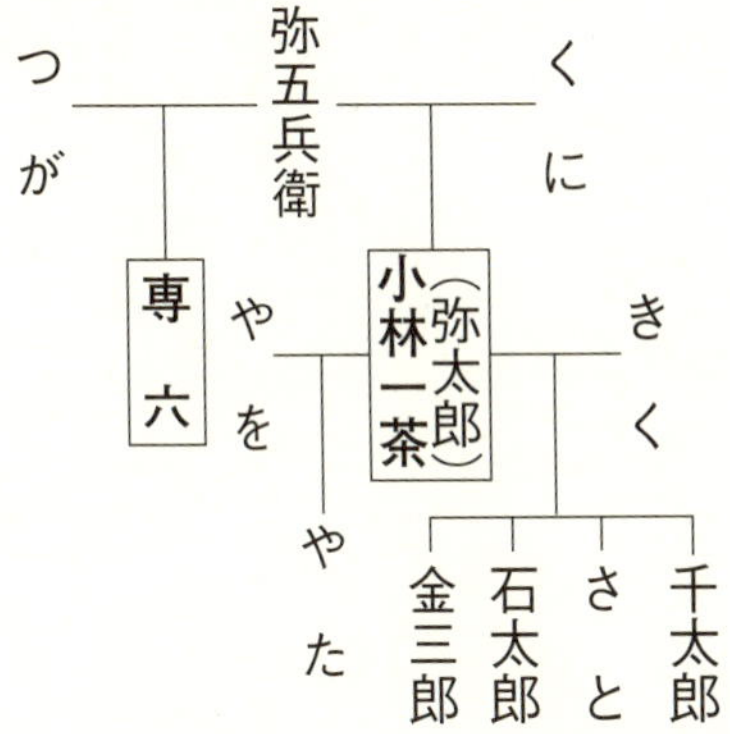

点ともいえるが、「どうせオレは…」と弱いものに自分を投影したがる、ひがみも感じるのだ。

相続をめぐる争い

それでも祖母が生きているうちは何かと自分の味方になってくれたのだが、弥太郎が14歳の年に祖母が死んでしまうと、弥太郎にとって我が家はますます居づらいものになってしまう。

妻と息子の間で板ばさみの父親に促され、とうとう１７７７年（安永6年）、弥太郎は15歳の時に、江戸へ奉公に出ることになった。

江戸で弥太郎がどんな仕事をしていたのかははっきりしない。ただ弥太郎にとってラッキーだったのは、この頃から江戸は徐々に商業文化が発展し、町人の生活が豊かになり、歌舞伎や人形浄瑠璃《じょうるり》が流行り、滑稽《こっけい》本や人情本などの読み物が出版され始めたことである。

良寛《りょうかん》や与謝蕪村《よさぶそん》らの歌人・俳人もこの時期に出た作家で、庶民も広く世相を風刺したり人情の機微をうがった狂歌や川柳を楽しむようになっていた。

江戸での一茶は、葛飾派の今日庵元夢《げんむ》や二六庵竹阿《にろくあんちくあ》などの俳諧人に学び、特に江戸浅草蔵前の札差の跡とりで裕福だった夏目成美《なつめせいび》にはなにくれとなく面倒を見てもらった。31歳の時から7年間、九州・四国・京阪などの西国行脚にも行っている。

ただ、やはり人に甘えきれない性格なのか、江戸の目まぐるしい文化の中で疲れを感じたのか、一茶はたまにふらりと信濃の実家に帰ることがあった。そうして39歳の時、たまたま帰省すると父親が臥せっていたのである。

父親の看病をしながら、一茶は「このまま父親が死んだらこの家には身内がいなくなる。そうしたら自分には故郷がなくなってしまう」と思ったのではないだろうか。父親が死ぬ1ヶ月前、病床の父に筆を持たせて財産の半分をゆずるという遺言状を書いてもらっている。

そして、1801年（享和1年）、父が死ぬと同時に、一茶は義母と義弟専六に対して遺言状にもとづいて自分への財産分与を求める。

これには専六も黙ってはいられなかった。なにしろ、一茶が出て行ってからというもの、病弱だった父を助けて母と自分がよく働き、持高《もちだか》は当時より倍近くにまで増やしてきたのだ。たまに戻ってくるだけで農作業を手伝いもしなかった兄に、なぜ半分もゆずらなくてはいけないのか。

この専六の気持ちもわからないでもない。しかも、江戸の都で俳句を作って暮らしているなど、田畑で腰を折り曲げて朝から晩まで重労働に耐える農民から見たら、遊びほうけている以外の何者でもないではないか。

結局両者とも折り合いがつかないまま、この財産争いは13年間も続く。しかもその途中で、一茶は専六に対して「もらえるはずだった財産分の利息も上乗せしろ」という要求まで出し、地元の有力者に仲介まで頼んでいる。

子供の頃の満たされなかった思いが、家への執着となって一気に膨れ上がってしまったのだろうか。

家庭に恵まれなかった一茶

一茶のしつこい要求にとうとう専六も折れ、13年間の遺産相続争いに和解の時がやってきた。家屋敷を半分に分け、玄関には「一茶・専六」と2人の表札がかけられた。さらに紹介してくれる人があって初めて結婚もする。一茶52歳の時だった。相手はきくといい常田久右衛門という地主の娘で28歳だった。相手も初婚である。

この頃になると一茶は「江戸で有名な俳句の先生」として信濃一帯でもてはやされていた。親子ほどの年の差の嫁がもらえるほどの名士になっていたというわけだ。

ところで、冒頭の「我と来て遊べや親のないすずめ」はこの年に作られた俳句である。親がいなくて寂しい思いをした自分が今やっと家を持ち妻を持つこともできたという、さびしかった当時の自分の魂を弔う気持ちがこの句に表れているようである。

ただ、一茶は家庭的にはやはり最後まで恵まれなかった。きくとの間には4人の子供をもうけるが、いずれも夭折し、きくにも37歳で先立たれてしまった。翌年ゆきという37歳の後妻を迎えるがこの妻とは2ヶ月で離婚し、やたという女性と再再婚する。

1827年（文政10年）、柏原に大火事が起こり、一茶と専六の家も焼失してしまう。その焼け残った土蔵の中で一茶は半年間暮らし、そこで息をひきとる。一茶65歳。家を手に入れてから8年目のことだった。

なお、一茶が死去してからやた夫人に、やをという女の子が生まれた。その血筋は今も続いているそうである。

島津斉彬と弟・久光

――開明的な兄と保守的な弟の軋轢《あつれき》――

薩摩藩第28代藩主島津斉《しまづなり》彬《あきら》とその異母弟の久光《ひさみつ》は、若い頃から正反対で水と油のように相入れないタイプだった。

1809年（文化6年）、斉彬は鳥取藩主池田治道の姫で斉興《なりおき》の正室の周子《かねこ》の長男として、江戸の薩摩藩邸で生まれている。藩主になる前から渡辺崋山《わたなべかざん》や高野長《たかのちょう》英《えい》ら一流の蘭学者と交流してオランダ語を学び、洋書の翻訳も行っていた。化学実験などにも興味を持ち、西欧文明に対しても造詣《ぞうけい》が深かったという。そのせいか、当時の日本人には珍しく西洋列強による侵略の危機を本気で危惧していたらしい。

斉彬はまた工業化にも先見の明を持っていて、海岸線に工業地帯を作り反射炉《はんしゃろ》や溶鉱炉《ようこうろ》を設置した。また西郷隆盛など下級武士の中から能力のある者を見出して藩政改革を行い洋式兵備も充実させている。今は伝統工芸品となっている薩摩切子《きりこ》も斉彬の代に開発されたものだ。

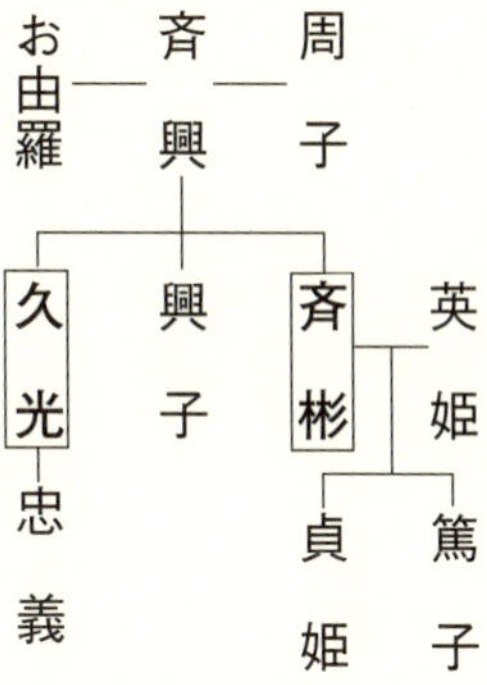

江戸の老中阿部正弘《あべまさひろ》や水戸の徳川斉昭《とくがわなりあき》、福井、宇和島の藩主など進歩的な藩主と交流があったこともあり、江戸幕府より命を受けて、琉球に英仏米の軍艦隊が来航した時の問題処理にも当たっている。

西郷隆盛や大久保利通ら維新に名を残す人物が薩摩に多く現れたのは、斉彬がこうして中央政界とパイプを持ち、将来の下地をつくっていた影響が大きいと見ることができるだろう。

ところが、これだけの大物である斉彬にも頭を悩ます敵がいた。それも身内にだ。

斉彬の藩主への道を何度となく妨げ、藩主になってわずか7年目の50歳で急死した斉彬の死因に関係があるのではと未だに疑いを持たれている人物だ。それは、久光の母お由羅《ゆら》だった。

そのお由羅は斉彬の父斉興の寵愛を受け、藩内の特産物である砂糖の御用商人たちともつながりがあった。お由羅の側近たちの間には商人らからこっそり賄賂《わいろ》をもらっていた者も少なくなかったらしい。

薩摩藩では、斉彬派とお由羅派の対立構造が存在していた。お由羅は自分の利権を守るためにも、わが子の久光を藩主にしたいと画策していたのだろう。

では、その久光はどのような人物だったのか。久光は1817年（文化14年）に生まれ、子供の頃から漢学や歴史、詩歌を好み、お付きの者が小さな動物や小鳥などを捕まえて献上すると、「むやみな殺傷をしてはいけない」と戒めるところもあったという。

斉彬が洋学を好み先進的な化学実験などを積極的に学んだのに対し、久光はまったく正反対の純和風の文学青年タイプ。正室であった斉彬の母にライバル心を持つお由羅が、斉彬とは正反対の子供に育てたのかもしれない。

醜いお家騒動の結末

父親の斉興は2人の子をどう見ていたのだろうか。どちらもかわいい我が子のはずだが、斉彬の才覚を買う一方で財政的な心配もしていた。というのは、斉彬の先進的なやり方は、斉興の祖父で第25代藩主の重豪《しげかね》によく似ていたのだ。

重豪は蘭学に入れ込むあまり藩費を浪費し、在任中に500万両にも及ぶ莫大な借金を作っている。その重豪に可愛がられた斉彬は重豪同様に洋風好きである。だからではないが、もしも藩主になったら同じように財政難を招くのではないかという危惧もあった。

お由羅や、当時財政再建を成功させたお由羅派の家老調所広郷《ずしょひろさと》にそう耳打ちされるたびに斉興も不安になっていった。

一方の久光は質素で堅実、喜怒哀楽の起伏の少ない人間である。のちに明治の世

になっても廃藩置県には最後まで反対していたほどの保守的な性格なのだが、そのあたりを父親も感じていたのだろう。藩を大きく発展もさせないが、逆に大きな浪費もしないのではないか、と。

斉彬派とお由羅派に分かれた薩摩藩では、「高崎崩れ・お由羅騒動」などと呼ばれるお由羅派に対する暗殺騒動が起こる。斉彬派の一味には鋸《のこぎり》引き、磔刑《たっけい》、切腹など処刑が行われ、薩摩藩は前代未聞の分裂状態に陥った。

ペリー来航以降、山積する外交や内政問題のためにも、斉彬の藩主就任を期待したい幕府や水戸藩主らが間に立ち、斉興はようやく隠居し、世代交代が完了したのは斉彬が43歳の時だった。

兄への尊敬と反発

藩主になってからの斉彬の動きは目まぐるしいものがある。

大砲を造るための反射炉をはじめ、溶融炉、硝子窯など多くの設備を備えた一大工場群「集成館《しゅうせいかん》」を作り、造船所では西洋式軍艦「昇平丸《しょうへいまる》」や日本最初の蒸気船

「雲行丸」を造っている。

さらにガス灯の設置、紡績業、写真機の研究、そして国のシンボルである「日の丸」を造って幕府に採用を求めたのも斉彬だった。諸外国に向けてひと目で日本とわかるマークを造ろうという動きは、世界に目を向け、世界の中の日本を感じていなければできないことだろう。

意外なところでは、薩摩藩が伝統的に行っていた琉球王国との貿易を利用して偽金作りもしていた。幕府には貿易の都合上、琉球通宝を造るといいながら、実は当時の通貨であった天保一分銀《てんぽういちぶぎん》を造っていたのである。一筋縄ではいかない才覚の持ち主だったといえよう。

一方の久光は、一時期越前（重富）領主である島津忠公の養子となっていたが、斉彬の死後、兄の遺言通りに自分の息子の忠義《ただよし》が藩主になると薩摩に戻ってきた。そして、忠義の後見として藩政をとりしきるようになったのだ。

その後は兄の遺志を継いで藩政改革を行おうとするが、集成館などの工業部門は財政難を理由にすべて廃止。斉彬の腹心だった西郷隆盛は久光によって二度も島流しにされ、生涯を通じて久光とは険悪だった。

斉彬とまったく方向性が違うのは、久光が革命的なものを好まない頑固な封建主義者だったということである。

薩摩藩の顔として維新後も内閣顧問や左大臣を歴任しているが、政府の方針は開国と欧化主義であり保守的な久光には納得がいかないものだった。その結果、早々と中央政界から身を引き、鹿児島に帰ってしまっている。廃藩置県が断行された時には、悔しまぎれに薩摩で5尺玉の花火を何本も打ち上げたという。

久光は晩年、「西郷隆盛と大久保利通に利用された」と愚痴《ぐち》っていたらしいが、偉大な兄と同じひのき舞台に立とうとしてできなかった自分を一番愚痴りたかったのかもしれない。

徳富蘇峰と弟・蘆花

――ジャーナリストと作家の確執――

優秀な兄の後を追うように自分も同じ道に入る――。近代日本の代表的ジャーナリストである徳富蘇峰《とくとみそほう》と、小説『不如帰《ほととぎす》』で知られる作家の徳富蘆花《ろか》はちょうどそんな兄弟だった。

徳富蘇峰は本名を徳富猪一郎《いいちろう》といい1863年（文久3年）に肥後国、今の熊本県益城郡に生まれて水俣に育った。弟蘆花は健次郎《けんじろう》といい、1868年（明治元年）生まれである。兄弟の上には、姉初子《はつこ》がいる。

兄弟が文筆の才能を発揮したのには、その家庭環境が大きく影響している。徳富家は代々庄屋兼代官役を勤めた家だが、父一敬《いっけい》は幕末の実学思想家で開国論者でもある横井小楠《しょうなん》の一番弟子であり、経済面でも一番の支援者だった。

その父は明治維新を迎えると実学党の人々と藩政改革の中心メンバーとして活躍する。廃藩置県後は革新的な県政のために力を惜しまなかったという。

特に、重い年貢や夫役から農民を解放する減税令の実現運動は、日本各地でこれを目標に百姓一揆が起こったほど注目されている。

また、母久子の実家である矢島家にも代々傑出した女性が多く、久子の叔母には公娼《こうしょう》廃止や一夫一婦制の家庭観、女性の参政権などを唱え女子学院の初代院長となった矢島楫子《かじこ》らがいる。

そんな家庭に育った蘇峰は早熟で活発、神童のほまれ高い子供だった。母の手ほどきを受けて4歳の時には唐詩をそらで読み、5歳で四書五経のひとつである『大学』を読んだという。

13歳で熊本洋学校に入ってからは、すでに新聞記者を目指して、地元熊本の新聞だけでなく東京のいくつかの新聞を熱心に読むようになっていた。

5歳下の蘆花は、生まれた時からそんな兄の存在を常に感じ、兄の後をたどるようにして進学、学問を続けていった。

ちなみに、兄弟たちの学んだ熊本洋学校は実学党による革新的県政で作られた公立校で、米国人教育家のジェーンズ氏がすべて英語を使ってキリスト教的信念に基づく全人格教育を行っていた。日本初の男女共学教育でもあったので、姉の初子もここで学んでいる。

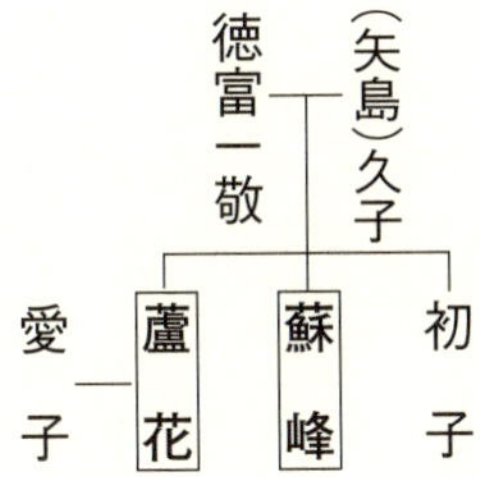

彼らはここで早くも国際人としての社会観を植え付けられているのだ。

その洋学校の隣には新聞を印刷する会社があったという。そんな環境も影響し、蘇峰は新聞を発行することに興味を持っていくことになる。

兄との決別と遅すぎた和解

その後、蘇峰は京都の同志社で新島襄《じょう》に学び、帰郷して明治15年には19歳で父の後ろ盾により大江《おおえ》義塾《ぎじゃく》を開設した。

自由民権運動が盛んになってきた時期で、この塾からはのちに孫文《そんぶん》の革命運動を日本に紹介した宮崎滔天《とうてん》など、多くの有能な青年たちが巣立っている。

また、蘇峰はたびたび上京して板垣退助《いたがきたいすけ》や中江兆民《なかえちょうみん》、福沢諭吉《ふくざわゆきち》らと議論を重ね、『将来之日本』という本を著した。これが出世作となり、一家は大江義塾を閉じて上京することになる。

翌年、蘇峰は民友社を設立し『国民之友』や『国民新聞』を創刊した。これらの媒体は西欧の近代思想を紹介し、明治の文壇や思想界に大きな影響を与えていったのである。

兄が近代国家たらんとする日本の第一線を突っ走っていたのに対して、ロマンチストだった弟は小説の世界へと進んでいく。

それも、死にはばまれて結実しない愛を描いた『不如帰』のように、近代化する日本の闇の部分ばかりをのぞくような作品を残しているのだ。

太陽が自分で光を放つのに対し、その周りを回る惑星は太陽の光を反射することで輝き、その裏側には影を作る――。蘆花にはそんな惑星のイメージがただよう。

同じアカデミックな家に生まれながら、なぜこうも違うのか。その原因のひとつに、蘆花が水俣で見てしまったある光景が考えられる。

1876年（明治9年）10月、西南の役に関連して熊本で神風連《じんぷうれん》の乱が起きた時、蘆花はわずか8歳だった。その夜、蘆花は2階の自室の雨戸のすき間から、反乱軍の士族らが隣に住んでいた要人の家を襲うのを見てしまうのだ。

これについては『恐ろしき一夜』（1895年［明治28年］）にも書かれているが、この体験が彼のトラウマになったと言われている。蘆花は生涯、神経症から来る不眠やうつ症状に悩まされた。子供の頃の恐怖体験がこうした身体症状だけでなく、作風にも影響を与えているのは想像に難くない。

太陽と惑星のような関係にあった蘇峰と蘆花だが、あるひとつの変化をきっかけに袂《たもと》を分かつことになる。もともとは自由民権運動により平民主義を提唱していた蘇峰が、日清戦争をきっかけに国家主義に転向してしまったことがそれである。

蘇峰は立憲同志会の桂《かつら》太郎《たろう》を支援して政府擁護の立場を取ったために、国民か

らは「変節漢《へんせつかん》」と非難され、『国民新聞』の編集部は暴徒によって2度も焼き打ちにあっている。

特に、ロマンチストで潔癖主義者の蘆花にはこの兄の変節は許せなかったのだろう。『国民新聞』に「告別の辞」を載せて以来、親交を断ち切っている。

蘆花にとって兄蘇峰は、幼い頃から尊敬する存在であり、自分の力が及ばない存在だった。蘆花自身、『不如帰』や随筆集『自然と人生』はどれも大ベストセラーとなったものの、天下国家を論じて話題を提供し続ける兄に比べると、大衆小説を書く自分など話題性に欠けた地味な存在と感じていたのかもしれない。

兄と断絶したことは、弟にとって自分の居場所や道を切り開くことにつながったともいえるのではないだろうか。

1927年(昭和2年)、病のため群馬県伊香保で療養生活を送っていた蘆花のもとから、蘇峰に至急の電報と電話が飛び込んだ。

急いでかけつけた蘇峰との対面が実現したその夜、蘆花は息を引き取った。兄弟が親しく言葉を交わしたのは、絶交から実に24年ぶりのことだったという。

第3章

志を同じくした兄弟の血の絆

～結束が生んだ成功物語～

曽我兄弟

――美談となった仇討ちの真相――

日本三大仇討《あだ》ちのひとつに数えられる『曽我物語《そがものがたり》』。これは鎌倉幕府が成立して間もない1193年（建久4年）に起きた、兄弟の仇討ち事件の顛末《てんまつ》を描いた物語である。

若い兄弟がたどる悲劇的な末路は人々の同情を大いに集め、のちに物語として成立する。鎌倉時代の末には真名《まな》（漢字）本の『曽我物語』が、南北朝、室町時代になると仮名本の『曽我物語』が誕生するのだ。また鎌倉時代末期に鎌倉幕府によって編纂された『吾妻鏡《あづまかがみ》』という歴史書にも、この仇討ち事件についての記述がある。これらがもとになり、中世以降には歌舞伎などで盛んに演じられてきた。

まずは曽我兄弟の生い立ちや仇討ちの過程を見てみよう。

兄弟の名は兄が曽我十郎祐成《すけなり》、弟を五郎時致《ときむね》という。父親は河津三郎祐泰《すけやす》というが、親子の姓が異なるのは父親が殺害されたあとに母親が再婚しているためである。

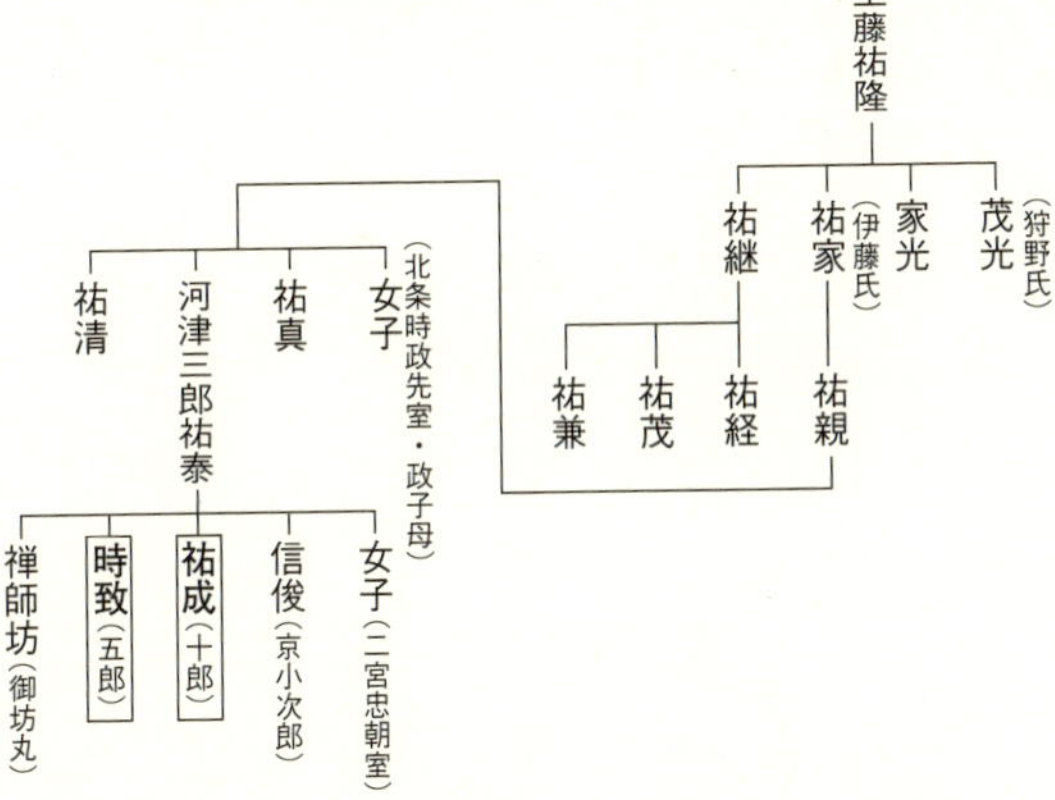

父親の祐泰が殺されたのは一族間の領地争いのためだ。兄弟の4代前にあたる工藤祐隆《すけたか》が後妻の連れ子である娘を気に入り、その娘に産ませた祐継《すけつぐ》に本領である伊東荘を与えてしまったことが、そもそもの怨恨《えんこん》の発端となる。

祐隆の嫡子である祐家は早世していたが、その息子である祐親《すけちか》は当然おもしろくない。祐継と祐親は叔父と甥の関係だが、年齢は2歳しか離れておらず兄弟のような間柄だった。祐継は幼い息子たちを残して病気で没したため、この機に乗じて祐親が本領の伊東荘を乗っ取ってしまう。

成人した祐継の息子祐経《すけつね》は訴えを起こすが聞き入れてもらえず、ついに祐親の殺害を計画。1176年（安元2年）、祐経の手の者によって祐親ではなくその嫡子である河津祐泰が殺害されてしまうのだ。この祐泰が曽我兄弟の父親というわけだ。

ここから曽我兄弟の苦難が始まる。父が殺された時、兄の十郎は5歳、弟五郎は3歳だった。祐親の勧めで母の満江御前は相模国曽我庄の曽我太郎祐信《すけのぶ》のもとに嫁ぐのだが、仇討ちのことなど忘れて平穏無事に育ってほしいという母親の願いとは裏腹に兄弟は仇討ちに目覚めていくことになる。

命と引き換えに悲願を達成

曽我兄弟が生きた時代は武家社会が成立し始めた頃で、源平の戦い、鎌倉幕府の成立など東国の武士にとって過渡期でもあった。

兄弟の祖父である祐親は、1180年（治承4年）に頼朝が挙兵した時に平家側に味方をして頼朝を攻撃。そのために捕えられ自害している。その一方で工藤祐経は頼朝方につき、その後頼朝の寵臣《ちょうしん》に収まるのである。

さて、兄弟が仇討ちを決行したのは1193年（建久4年）5月28日。この日は頼朝が富士山麓で巻狩りをしていた日だった。巻狩りは、頼朝の家臣団である御家《ご》人《けにん》衆たちの軍事演習や将軍としての威光を示すためにしばしば行われていたらしい。

祐経は以前から曽我兄弟の仇討ちを恐れて警戒していたのだが、この日は油断した。深夜、降りしきる雨の中を祐経の館に侵入した兄弟は酒に酔って寝入っている祐経を襲撃、ついに悲願を達成するのだ。

その直後兄弟は勝ち名乗りをあげ、騒ぎを聞いて駆けつけた祐経の御家人衆たちと斬り合いになる。２人で次々と10人を討つのだが、ついに兄の十郎が斬られてその場で命を落とす。

弟五郎は翌日頼朝の前に召し出され尋問を受けるが、臆するところなく遺恨を主張し、断罪を受ける覚悟でいることを示す。頼朝はその姿に感服し助命を考えるが、

結局五郎は死罪となってしまった。

その後、頼朝は兄弟の行いを武士の鑑《かがみ》として賞賛し、恩賞として曽我庄の年貢を免除する。仇討ちの美学が定着するのは江戸時代だが、頼朝のこの対応によって仇討ちの価値が決まったと言われている。

恋人が伝えた物語

実は兄の十郎には虎御前と呼ばれる恋人がいた。絶世の美女で白拍子《しらびょうし》だったが、仇討ちのあと仏門に入り各地で『曽我物語』を語り歩いたとされる。また、兄弟を恐れ崇める御霊信仰が生まれ、遊行巫女《ゆぎょうみこ》による唱導宗教と結びつき、物語を普及させたとも言われている。

それらが真名本、仮名本の『曽我物語』の成立につながり、あるいは室町時代や江戸時代の歌舞伎や大衆文芸に結びついていく。

この真名本や、仮名本の『曽我物語』は文学作品であるため、劇的効果を上げるための誇張や虚構のエピソードも含まれていると考えられている。

たとえば、これは事実かどうか確かめようもないが、兄弟が母と永遠の別れをする際に小袖《こそで》を借りるというエピソードがある。2人が仇討ちをして死ぬ気でいることを知らない母は、「戻ってきたら小袖を返すように」と言う。聞き手の涙を誘うような話だが、これをもとにつくられたのが能の「小袖曽我」だ。

一方、史実の謎といえばこの仇討ち事件の直後、頼朝の弟である源範頼《のりより》が失脚させられたのをはじめ、数人の御家人が頼朝によって領地を没収されたり斬殺されており、曽我兄弟の仇討ちに乗じて、あるいは仇討ちと時を同じくして、反頼朝のクーデターが起きていたのではないかとも見られている。武家社会の枠組みができたとはいえ、まだ頼朝の支配体制は確たるものではなかったのだ。

また弟五郎の烏帽子《えぼし》親（元服する時に後見人のようなかたちで名前をつけてくれる者）は、頼朝の正室北条政子《ほうじょうまさこ》の父でのちに初代執権となる北条時政《ときまさ》だ。兄弟から見れば義理の伯父にあたるのだが、この時政が仇討ちに乗じて何らかの陰謀を企てていたという説もある。

歴史書である『吾妻鏡』は北条氏が編纂したものであるが、陰謀やクーデター騒動を封印するために、富士の巻狩りでの顛末について仇討ちを前面に出して記述していたとしたら……。歴史の「もしかしたら」を考えると興味は尽きない。

毛利3兄弟
——父が一族の結束にこだわった本当の理由——

毛利元就《もうりもとなり》は、「織田信長《おだのぶなが》とならぶ戦国の二大天才」「生涯的な持続力は徳川家康以上」などと言われている。

この元就が3人の息子たちに諭したのが「三矢《さんし》の訓《おしえ》」と言われるものだ。

1本の矢はすぐに折れてしまうが、3本を束にしてひとつにすればなかなか折れることはないから、兄弟で力を合わせて毛利家を守るようにと教え諭したものだとされている。

この有名な故事は、後世になって中国の別の故事と元就の話を合体させて誕生したものだそうだが、元就が息子たちにそのように言い含めていたことは事実である。

1557年（弘治3年）、元就は息子たちに教訓状を書いている。

それには、「毛利の家名をすたらぬように努力すること」「次男元春《もとはる》、三男隆景《たかかげ》が他家を相続しているが、これは当座のことであるから毛利をおろそかにしてはなら

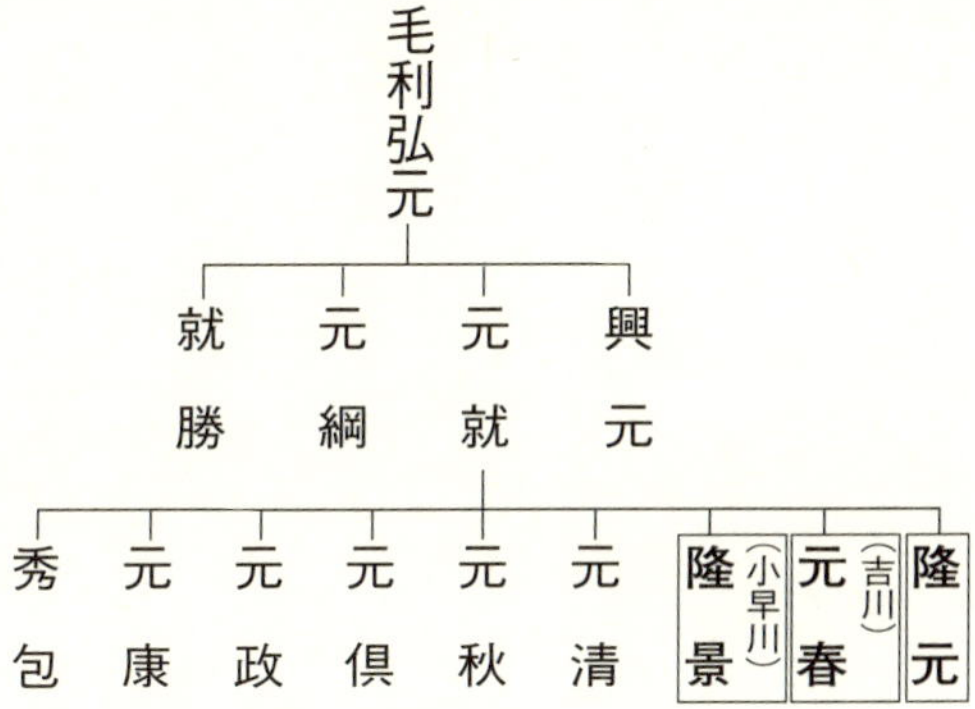

ない」「兄弟三人の仲が不仲になれば、必ず共に滅亡するものと心得よ」などの教えが書かれていた。

3人の息子たちはこれを読み、誓約のしるしとして連名で奉答文を書いている。

ちなみにこの時、長男隆元《たかもと》は数えで35歳、次男元春は28歳、三男隆景は25歳になっている。

すでに立派な大人で、元就は61歳になっていた。戦国武将にしてはずいぶん長生きをしているが、この年になってもまだ息子たちに絶大な影響力を持っていることがわかる。

息子たちにここまで懇切丁寧に教え諭すのは、自分の死後、毛利家が分裂して弱体化しないための布石だった。

家臣の裏切りで学んだもの

元就は1497年（明応6年）、安芸《あき》国の有力国人《こくじん》である毛利弘元の次男として生まれた。国人とは、大名ほどの力を持っていなかった小国の領主のことだ。元就が4歳の時に父は隠居し、同母兄の興元が家督を継いでいる。その後5歳で母を失い、10歳で父を失うと、元就の立場は危うくなった。

当時の中国地方は尼子《あまこ》氏と大内《おおうち》氏という二大勢力があったものの、それ以外は小国がしのぎを削っていた時代だ。領地内の統率力もまだまだ弱く、父亡き後、元就は家臣に自分の城を乗っ取られるという辛い経験を味わうことになる。

その後数年でもとの城を取り戻すが、少年期のこの体験で不遇の時にはひたすら耐えて待つという処世術を学んだと言われる。

20歳の時に兄興元が病死すると兄の嫡子でまだ幼少だった幸松丸を補佐し、当時名門と言われた安芸の武田軍を見事に破り初陣を飾った。

その後幸松丸が9歳で死亡すると、いよいよ元就に家督相続がめぐってくる。し

かし家臣の裏切りを経験しているせいか、家臣たちが自発的に元就を望むような状況になるまでじっと動かなかったという。そして元就は27歳にして、ついに毛利家の大将となった。

この時の毛利氏の領土はまだ一小国にすぎない。大内氏と尼子氏の二大勢力にはさまれながら、いかに毛利家を存続できるか元就は策をめぐらした。その後、他の国の武将たちとの連携強化に努め、自国内では反乱分子を平定し、また一時は大内氏の傘下に入るなどして徐々に領国内外で勢力を確かなものにしていった。

元就にとって一世一代の賭けとなったのが、大内氏に対して反乱を起こした陶晴賢《すえはるたか》との対決である。１５５５年（弘治元年）、世に言う「厳島《いつくしま》の合戦」だ。

多勢に無勢の勢力の差を元就は周到な準備によって克服した。陶の重臣が寝返ったようにみせて陶自身に抹殺させるようにしむけたり、合戦の場所を厳島に選び、そこに陶をおびき寄せたのも元就の策略にほかならない。

夜が明けきらぬ早朝に奇襲攻撃をかけたこの合戦は、のちに「海の桶狭間《おけはざま》」とも言われた。この時、元就は59歳。この戦いにより、中国地方西域と九州地方の一部まで勢力を拡大する。

その後、出雲を拠点とする尼子氏を粘り強く討ち取り、1566年（永禄9年）、元就は70歳にして西国一の大大名に上り詰めた。そして、75歳で没するまで現役で陣頭を指揮していたという。

若い当主を支える毛利の「両川」

元就は他の武将との連携を強化するために養子縁組を利用した。つまり、次男の元春を吉川《きっかわ》家へ、3男の隆景を小早川家へ送り込んだのだ。その方法は友好的なものというより乗っ取りに近かった。

　他の家に入っても息子たちが目指すところは毛利家の勢力維持と、拡大のみ。毛利家を補佐するこの両家は、名前に「川」の字がついていることから「毛利の両川《りょうせん》」と呼ばれた。

　ちなみに吉川家は山陰地方で農業を基盤としているので土着的で、家中の結束を重視し、小早川家は瀬戸内の水軍を有しているため外交情報や経済感覚が発達していると言われた。

　毛利家の家督は1546年（天文15年）、元就50歳の時に長男の隆元に譲られているが、もちろん元就は隠居などせずしっかり実権を握っていた。3兄弟は教訓状の教えとおりに手を携え、毛利の発展に尽くした。

　ところが1563年（永禄6年）、尼子氏との戦いの最中に長男の隆元が41歳という若さで急死してしまう。そのため隆元の嫡男で、まだ11歳の輝元《てるもと》が家督を継ぐことになった。

　以後、元就が相談役になり、若い当主を2人の叔父が脇から支えるという構図ができあがる。元就の死後もその構図は続くが、毛利を取り巻く戦国の世の勢力図は大きく変容していく。

元就の遺言は「天下をとろうなどとは思うな」というものであったという。

輝元は遺言通り守りに徹したが、天下統一を目指す織田信長、豊臣秀吉に攻められついに敗れる。

輝元は関ヶ原の戦いでは西軍の総大将にまつりあげられ、徳川家康が天下統一を果たした時には、その領地は長門《ながと》、周防《すおう》の2カ国だけになってしまった。

しかし元就の遺言通り、輝元は毛利家の存続だけは何とか確保したのである。

兄弟の結束は妻への供養

戦闘においても家を守るためにも、さまざまな策をめぐらした元就だが、意外なことに妻を大事にしていたことでも知られる。

隆元、元春、隆景の3兄弟は、吉川家から嫁いできた正室との間に生まれた子供たちだ。この女性は元就が49歳の時に亡くなっている。法名を妙玖《みょうきゅう》といった。

元就は亡くなってからも妻のことをとても大切にしていて、しばしば手紙の中で妙玖のことばかり思い出されると書いていたという。3兄弟にあてた教訓状にも、教訓を孫の代まで心にとどめて忘れさせないようにすることが「亡き妙玖への追善供養にもなる」と言っている。

また妙玖は毛利家が中国地方の覇者になる前に亡くなったため、その後国内の雑事があるごとに「妙玖がいてくれればいいのに」と元就はぼやいていたという。

元就は幼少の時に家臣の裏切りにあい辛酸《しんさん》をなめただけあって、どこかで「身内以外は信用できない」という思いを抱いていたのではないだろうか。

元就はまた「当家をよかれと思う者は、他国はもとより、当国にも一人とてない」とも述べている。

急成長した毛利家に対し、他の大名や国人たちがおもしろくないのは当然だろう。それだけに、元就は結束の難しさと大切さを痛感していたに違いない。

弱小国から一代にして他を寄せつけぬほどの大名にまでのし上がってこれたのは、兄弟や家族の結束を大切にし、国としての骨格を日々築き上げてきたからではないだろうか。

大久保彦左衛門と2人の兄

――武功派の兄と頑固者の弟――

大久保彦左衛門《おおくぼひこざえもん》は、これまで庶民のヒーローとして取り上げられることが多かった。戦国武士として徳川家への忠誠を貫く一方で、権威には屈しない頑固な反骨者としてたびたび小説や映画で描かれている。しかし、これらの彦左衛門のイメージは、虚実ないまぜにつくりあげられてきたものである。

というのも、現在の彦左衛門像は、江戸後期につくられた『大久保武蔵鐙《むさしあぶみ》』という実録本が素地となっていると言われる。これがもとになり講談や小説、映画などで広く庶民に浸透していくことになる。

しかし、彦左衛門の存在を後世に知らしめた最大の要因は、彼が60歳を過ぎて書いたと言われる『三河物語』の存在だ。

これは三河地域での松平家（徳川家）の歴史や大久保一族の徳川家への忠誠心を、子孫への教訓という形でまとめたものである。

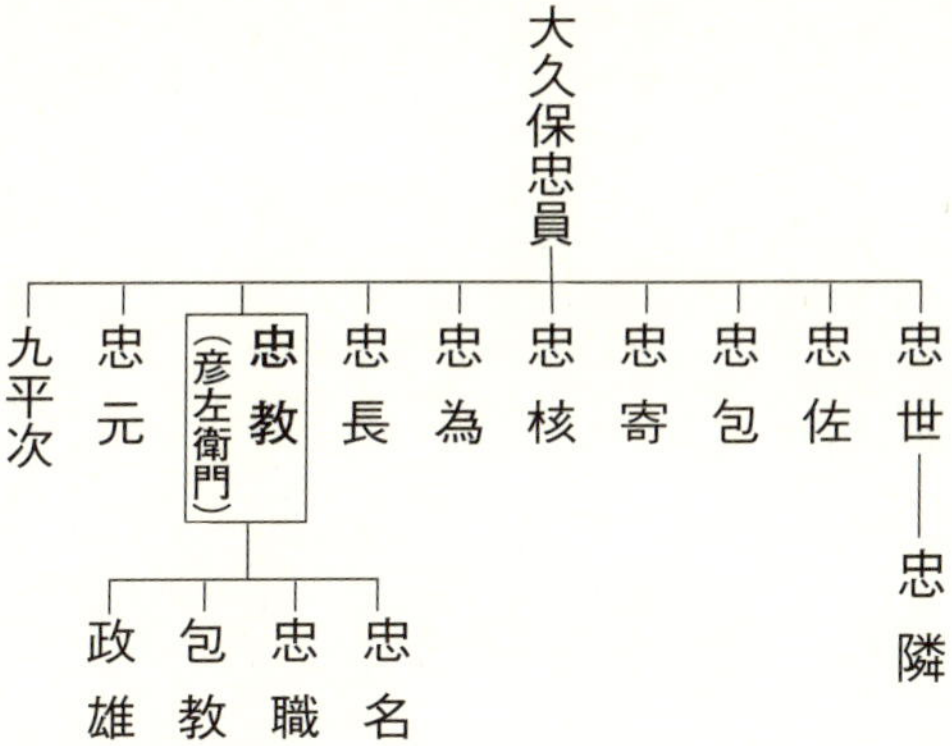

彦左衛門が生きた時代は、戦国末期から徳川幕府の初期の頃。徳川家康が天下を統一し、武家社会にも大きな構造変化の波が押し寄せていた時代だ。

幕府の体制が確立していく中で、主君と家臣の関係も戦国時代のような一体感は失われていく。家臣の評価基準も、合戦で功績を上げることよりも政治や経済など幕府を運営するための能力が求められるようになっていった。ちなみに前者を武功《ぶこう》派、後者を文治《ぶんち》派という。

そうした中、彦左衛門はその武功派の生き残りとして、忠誠心が軟弱になった幕臣たちや、時には将軍にさえ辛らつな意見を述べたという。そのイメージが現在私たちが彼に対してもつ「天下の御意見番」につながるのだが、実は彦左衛門にはとりたてて合戦での功績はない。目をみはるような戦いぶりで織田信長や武田信玄たちから一目置かれていたのは、長兄の忠世と次兄の忠佐《ただすけ》だった。

信長を感嘆させた武者振り

彦左衛門は1560年（永禄3年）、三河地域に勢力を持つ松平家の譜代《ふだい》（代々仕えている家臣）、大久保忠員《ただかず》の八男として生まれている。彦左衛門は通称で、正しくは彦左衛門忠教《ただたか》という。異母兄に28歳年が離れた長兄の忠世、23歳年上の次兄の忠佐がいた。

彦左衛門が生まれた年は、家康が今川家の人質から解放された年でもあった。ちょうど家康が戦国大名としてのし上がっていく時期に彦左衛門は成長するのだが、おそらく合戦のたびに家康のもとで輝かしい武勲をあげる兄たちを憧れの目で見ていたに違いない。成長すると、彦左衛門は家康の直接の家臣という立場ではなく、長兄忠世のもとで武士としてのスタートを切っている。

戦国時代は各地で力をもった武士たちがせめぎあう戦乱の世だ。まさに生きるか死ぬかの世界では、主君と家臣の間で一体感や信頼感がないと生き残ることはできない。そのため、主君は家臣を大切にする一方、家臣は死をもって殉ずるぐらいの忠誠心を持っていた。

中でも松平家は、一豪族から成り上がった小大名にすぎなかったが、力が弱いからこそ逆にその団結心も強かったと言われる。大久保一族はその松平家に並々ならぬ忠誠心を抱いていた。

『三河物語』には大久保家の松平家に対する忠誠心と一族の勇猛な戦闘ぶりが数々記されている。たとえば、織田・徳川連合軍が武田《たけだ》勝頼《かつより》を打ち負かした1575年（天正3年）の長篠《ながしの》の合戦《かっせん》では、長兄の忠世と次兄の忠佐が最前線に切り込み、粘り強く戦った。それを見た織田信長は「自分にはあれほどの家臣はいない」とうらやましがったという。

その後大久保一族の功績が認められ、忠世と忠佐は、それぞれ小田原4万5000石、駿河沼津2万石の大名にとりたてられている。

一族から2名も大名が出るということは大変な名誉だった。憧れの存在である兄たちの大出世に、彦左衛門もさぞ誇らしく思っていただろう。

長兄、次兄の死と裏切り

長兄忠世と次兄忠佐の出世で、隆盛を極めた大久保一族だったが、次第にかげりが見え始めた。

まず、一族の中心的な存在であった長兄の忠世が1594年（文禄3年）に病死する。忠世の跡を継いだのは嫡男の忠隣《ただちか》で、彼は一族の期待を担って幕府内で出世していく。この忠隣は彦左衛門の甥にあたるが、年齢では彦左衛門より7歳年上である。

さらに1613年（慶長18年）に次兄の忠佐が死去すると、後継ぎがなかったために忠佐の領地は没収されてしまった。実は、次兄忠佐は死ぬ間際に2万石の領地を彦左衛門に譲ろうとしたのだが、彦左衛門は自身の功績ではない領地を継ぐことはできないとして断っている。

次兄の忠佐が死んだ翌年、甥の忠隣が突如失脚する。これにより、大久保家の没落は決定的なものになり、小田原の領地も没収されてしまった。

この失脚の原因には、本多正信《ほんだまさのぶ》、正純《まさずみ》親子との確執があったと言われている。本多家は松平の時代からともに仕えてきたいわば同志。しかし大久保一族と違い、本多親子は文治派として幕府を支えていた。

1563年（永禄6年）に起きた一向一揆では、本多正信は一揆に加担して一度は国を捨てている。その正信の家族を気遣い、のちに再び家康に仕えることができるようにとりなしたのは他でもない長兄の忠世だった。恩を仇で返すような正信親子の仕打ちに対して、彦左衛門は『三河物語』で怒りと嫌悪をあらわにしている。

一族が凋落《ちょうらく》の運命をたどる中、皮肉なことに彦左衛門にスポットがあたることになる。彦左衛門は家康じきじきの旗本にとりたてられたのだ。

それまでは長兄忠世の配下という立場だった彦左衛門にとっては大出世だ。彦左衛門が賜ったのは1000石。のちに1000石加増されて2000石の旗本なる。兄たちに比べれば禄高は少ないが、一族の忠隣が失脚する中での出世は、幸運なことだったといえよう。

名誉のためには嘘も言う

彦左衛門が2000石の旗本になった時にはすでに50歳を超えていた。ただでさえ「近頃の若者は……」と言いたくなる年齢だが、武家社会の構造改革についていけなかった彦左衛門は、幕府の体制や幹部たちに言いたいことが山ほどあった。『三河物語』は子孫への教訓として書かれたものだが、当時の体制への批判精神にも満ち満ちている。

たとえば「今江戸城で出世する武士しない武士」という内容の項では、「すぐ主人を裏切る者」「武術に劣り、口ばかり達者な者」などを出世する武士としてあげ、「絶対に主人を裏切らない者」「口べたで、自分の仕事に専念する者」などを出世しない武士としてあげている。もちろんこれは本多正信親子への痛烈な批判でもある。

また、大坂夏の陣の時に、彦左衛門は家康の鑓奉行《やりぶぎょう》として参加していたのだが、本陣が攻撃を受けた時に家康の旗を持つべき旗奉行が逃走してしまった。戦いのあと、彦左衛門はその証人として家康に呼ばれるが、彦左衛門は「旗は立っていた」と頑として譲らなかったという。

大坂夏の陣は家康最後の合戦であり、勝って当たり前の戦いでもあった。その合戦に陣地の旗が崩れたとあらば、徳川家の名誉にかかわる問題だと彦左衛門は考えたのである。それを、他の家臣たちも「旗はなかった」と平気で口にしていることにも我慢がならなかった。

この一件で、彦左衛門は「大久保一族で一番の頑固者」と家康に言わしめている。武士として貫くべきところは相手が誰であっても譲らなかった。それがのちにヒーロー伝説を生み、多くの日本人に愛されたのだろう。

岩崎弥太郎と弟・弥之助

――大三菱を築いた兄弟の戦略――

三菱財閥の創始者岩崎弥太郎《いわさきやたろう》は、高知県ではあの坂本龍馬《さかもとりょうま》とならぶ有名人である。

弥太郎は、1834年（天保5年）、土佐の地下浪人《じげろうにん》岩崎弥次郎《やじろう》の長男として生まれた。地下浪人とは、郷士株を金銭で他に譲り渡した者のことで、武士階級の最底辺に位置していた。

弥太郎は学問で身を立てようと考え、江戸で学んだのち土佐に戻り吉田東洋《よしだとうよう》の私塾少林塾に通う。そののち土佐藩の実権を握った後藤象二郎《ごとうしょうじろう》に見出され、1859年（安政6年）土佐藩に登用される。1866年（慶応2年）に藩の海運商社である開成館（土佐商会ともいう）が設置されると長崎出張所に赴任し、ここで坂本龍馬と出会うのである。

出会った当時、龍馬は土佐藩から財政援助を受けて海援隊を設立したばかりで、弥太郎は龍馬と触れ合う中から、海運業の重要性と将来性を確信したのだという。

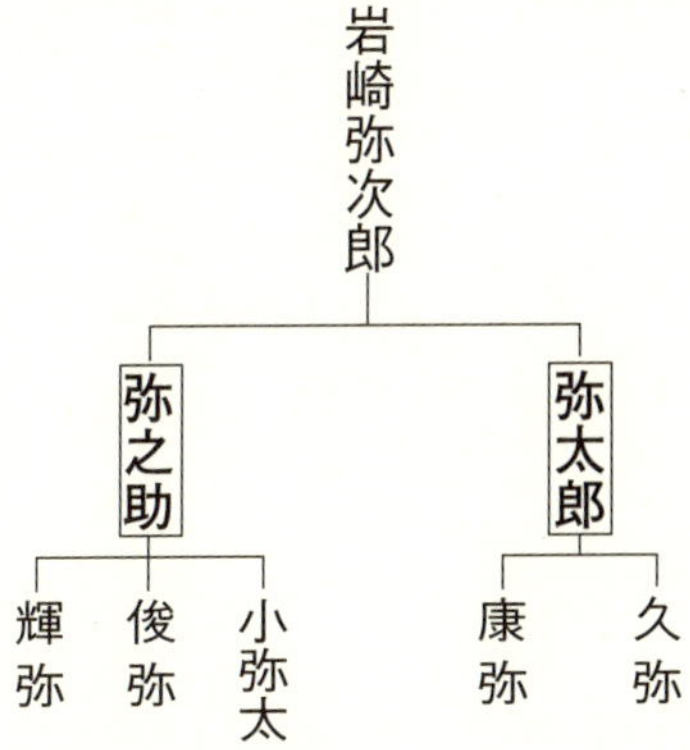

また欧米諸国の経済力、技術力を目の当たりにしたことも大きな転機となった。

長崎での仕事は土佐の物産品である樟《しょう》脳《のう》などを外国に売り、外国から武器を購入するという貿易業務で、弥太郎はここで商才を遺憾なく発揮した。

1868年（慶応4年）、鳥羽伏見の戦いが起こり土佐藩は開成館の船を戦争物資輸送に使うように命令する。しかし弥太郎は商売の方が大事だと辞表を覚悟で反対。弥太郎の才能を高く買っていた象二郎は、弥太郎が仕事をしやすいようにと彼を上士に昇格させ、開成館の実質的な経営を任せるようになる。

ほどなく弥太郎は開成館の拠点を大阪に移す。その後新政府により商社経営が禁じられると開成館は民営化され、1870年（明治3年）に九十九《つくも》商会と改称する。これが三菱の前身である。その後三川《みつかわ》商会と改称し、さらに1873年（明治6年）、三菱商会と名を改めた際に弥太郎が社長に就任することとなる。

「武士を捨てて商人になれ！」

弥太郎は剛毅な人柄でワンマン経営だったことでも知られている。部下に仕事を任せることはなく、弥太郎が会社の全事業を掌握していたという。

ワンマンでも部下たちがついていったのは、彼がビジョンを明確に示していたからだろう。弥太郎は日本から外国汽船を駆逐して国内航路を独占し、さらには世界航路までも三菱が独力で開くという理想を抱いていた。そして「三菱の発展はすなわち国家の発展である」と断言してはばからなかった。

三菱の象徴であるスリーダイヤは岩崎家の家紋である三階菱《さんかいびし》と、土佐藩の山内家の家紋である三つ柏《がしわ》を合成してつくったものだ。実はあの形は「人」という文字を表わしているそうだ。

そのスリーダイヤが象徴するように、弥太郎は人材教育に力を入れていた。当初社員には旧土佐藩士が大勢いたが、武士といえば「武士は食わねど高楊枝《たかようじ》」の言葉通り、プライドが高くそのうえ金儲けは恥ずかしいという考えを持っていた。

こんな人間ではとても商売はできないだろう。弥太郎の口ぐせは「武士を捨てて商人になりきれ！」だった。客を神様のように丁重に扱うようにと指示し、店におかめの面をかけさせて「いつもにこにこ笑顔を絶やすな」と語っていたという。

今でこそお客への奉仕精神は当たり前のものだが、明治初期にサービス業という発想をもっていたこと自体、注目に値する。

この「武士を捨てて商人になる」という

弥太郎の決意は、おそらく長崎赴任時代の経験によるものではないだろうか。
実は弥太郎は坂本龍馬とはソリが合わなかった。経済力をつけて国力を向上させようと設立されたはずの龍馬の海援隊だが、その経理の実態はひどいものだったという。外国のいいなりに船を購入したり、毎晩豪華な宴会で接待していたというのだ。弥太郎は徹底的に経費削減に取り組むのだが、海援隊ですら資金源を旧権威である土佐藩に依存している実態を見て苦々しく思った。

事業を興すのに権威におんぶにだっこでは本当の発展はありえない。そう痛感した弥太郎は、事業活動は政治や官から独立していなければならないと考えた。1873年（明治6年）、三菱商会設立時に弥太郎は「官界との絶縁」を宣言する。

三菱の危機と弥太郎の死

三菱には設立当初から、日本国郵便蒸気船《にほんこくゆうびんじょうきせん》会社という強力なライバルが存在していた。この会社は1871年（明治4年）に渋沢栄一《しぶさわえいいち》と三井系が設立した半官半民の会社である。2社の命運を分けたのが1874年の台湾出兵だ。戦争のための輸送をライバルの郵便蒸気船が断わったために、三菱商会がその輸送を一手に引き受けることになったのである。

この貢献により三菱は政府から手厚い保護を受けることになる。「官界との断絶」をうたいながらも政商《せいしょう》として事業を飛躍的に拡大させ、1877年頃には日本の汽船の約7割を三菱が保有していたと言われている。

勢いに乗る三菱は、海運以外にも製鉄所、倉庫業、保険業、為替業などに手を広げるが、三菱の急成長により政財界でさまざまな衝突が起き、次第に三菱はバッシングを受けるようになる。

1881年（明治14年）、政府内の庇護《ひご》者だった大隈重信《おおくましげのぶ》が失脚すると外圧は決定的なものとなった。三菱に「海運に専念せよ」という政府命令が出る一方で、渋沢栄一や三井系グループなど反三菱の面々が共同運輸《きょうどううんゆ》会社という巨大な海運会社を設立。これには政府も出資しており、いわば政府ぐるみの三菱潰しの会社だったのである。

共同運輸会社は三菱が運行している航路に進出。やがて貨客の奪い合いがエスカレートし、共倒れの危険性が出てきたためついに両社は1885年9月に合併する。

弥太郎は同年2月、この過当競争の最中に胃がんで亡くなっている。52歳だった。

当初、政府から合併の打診を受けた時、弥太郎は猛反発した。弥太郎を国賊呼ばわりする政府高官に対し、「そこまで言うなら三菱の船を遠州灘《えんしゅうなだ》に集めて焼き払ってやる！」という脅し文句にも似た言葉を吐いたという。

独立心が強く、戦闘的な性質ゆえに不当なまでのバッシングが許せなかったのだろう。

怒りと絶望の中で死を迎えたというが、経営の実権をふるってわずか10数年、三菱を一大企業に育て上げた功績はとてつもなく大きい。

海から陸に転じた弟

弥太郎の跡を継いだのが弟弥之助《やのすけ》である。弥之助は弥太郎の17歳年下で、アメリカ留学ののちに三菱商会に入社。副社長として兄の弥太郎をサポートしてきた。

弥太郎は弥之助に次のような遺言を残したと言われる。

第一　吾より速やかに競争を挑み敵に後るるなかれ。
第二　合併論に賛成同意すべし。

第三　銀行を設立して東洋の金権を握るべし。

弥太郎は、会社存続のためには新艦を買い入れ老船は補修し競争力を高めることと、合併して和平の機会をうまくつくること、さらに資金力のために銀行の設立を指示し、不当なバッシングに立ち向かう策を与えたのだ。

この2社の合併により、三菱は海運業のいっさいを新会社へ譲渡することになる。弥之助は1886年（明治19年）に三菱社を設立し新たなスタートを切り、炭鉱、鉱山、造船、地所、銀行などの事業を積極的に展開する。これは当時、「海から陸の転換」と言われた。

弥之助の経営手腕は高く評価され、豪放だった兄と違い、「趣味といえば少々の玉突だけだった」と当時の新聞に書かれている。

1893年に三菱社は三菱合資会社に改組され、同時に弥太郎の長男久弥《ひさや》に経営権が譲られた。その後1916年（大正5年）に今度は弥之助の長男小弥太《こやた》が4代目の社長に就任する。

小弥太の時代に三菱は財閥批判を浴び、終戦後に財閥は解体されることになるのだが、初代弥太郎、2代弥之助が立ち上げたさまざまな事業は、日本の近代化の大きな推進力になったことは間違いないだろう。

秋山真之と兄・好古

——陸と海でロシアを倒した軍人兄弟——

秋山兄弟は日露戦争の功労者として知られている。

兄の好古《よしふる》は陸軍で騎兵隊を率い、弟の真之《さねゆき》は海軍の参謀として参戦し功績を上げている。

真之は俳人の正岡子規《まさおかしき》と小学校からの友人で、秋山兄弟と子規を主人公にした司《し》馬遼太郎《ばりょうたろう》の小説『坂の上の雲』は、明治期の群像を生き生きと描いたものとしてあまりにも有名である。

明治期は「富国強兵」や「忠君愛国」のスローガンのもと、日本全体が近代国家をめざしていた時代だ。軍人だった秋山兄弟は、そのような明治という時代が生んだ名将と言えるだろう。

しかしそれぞれの性格や生き様、軍人としての仕事ぶりは兄弟といえどもまったく異なるものだった。

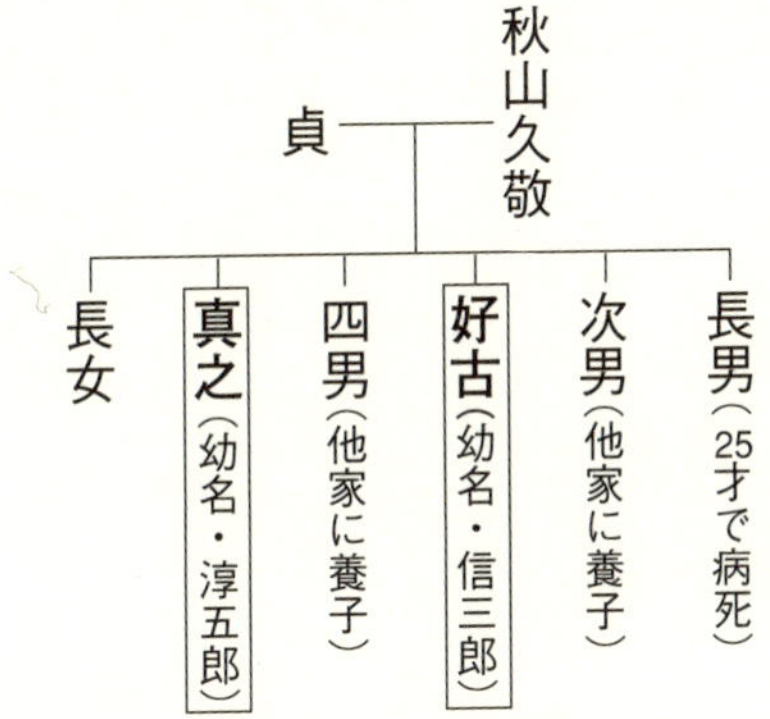

秋山兄弟の日露戦争

日露戦争が勃発《ぼっぱつ》した1904年（明治37年）、兄好古は46歳、弟真之は37歳だった。好古は満州での騎兵部隊の実質的な最高指揮官で、真之は東郷平八郎《とうごうへいはちろう》のもとで海戦のほとんどすべての作戦を立案した。この戦いで、好古は世界最強と言われたロシアのコサック騎兵を打ち破っている。

兄好古は1887年（明治20年）にフランスに留学し騎兵戦術を研究、それまで貧弱だった日本の騎兵隊をコサック騎兵と対等に戦えるようにまで育成している。

その功績から好古は「騎兵の父」と呼ば

れている。

好古は大の酒好きで、激戦地であっても酒を飲み、平静さを保っていたという。また劣勢の中で兵士たちが戦意を失いそうになると、酒が入った水筒をラッパ飲みしながら最前線に踊り出て、兵士たちを奮い立たせるという名将ぶりを発揮した。

一方弟の真之だが、彼が日本海海戦の直前に大本営に送った電文は有名である。「敵艦見ユトノ警報ニ接シ、聯合《れんごう》艦隊ハ直《ただち》ニ出動、之ヲ撃滅セントス。本日天気晴《せい》朗《ろう》ナレドモ浪高シ」

荒天や濃霧では戦いづらいが、「天気晴朗」で今日はその心配はないことを示し、視界がよいので砲戦では日本に有利であること、またこれまで3ヶ月間高波の海で射撃の練習をしてきたので、「浪高シ」でさらに有利な状態だということを伝えているという。

有名なバルチック艦隊との戦いでは、真之が発案した「T字戦法」でロシア軍を打ち破った。T字戦法とは敵艦に対して艦の横っ腹を見せ一斉砲撃するものだ。

バルチック艦隊をどこで迎え撃つかが最大の焦点だったが、真之はあらゆる資料を読んで計算し、対馬《つしま》海峡を通ってくると予想している。

その予想は見事に的中し、日本軍の勝利を確かなものにした。しかし、当の真之は予想がはずれやしないかと極度の不安に襲われ、その疲労は限界に達していたという。

苦労人の兄と自由な弟

秋山兄弟について、郷里松山では「兄には徳があるが、弟は険しい」と言われていたそうだ。それは育った環境のせいもあるかもしれない。

兄弟の父久敬は松山藩の下級武士だった。維新後は県の役人になったが、薄給で食べていくのに精一杯だったため好古は中学にも行けなかった。銭湯で風呂焚《た》きの

仕事などをしながら貯めたわずかな金で書物を買い、独学で勉強した。

好古は授業料がかからない学校を探し、大阪の師範学校に入学。そこを卒業すると今度は郷里の先輩の勧めで1878年（明治11年）陸軍士官学校に入学している。ここもまた授業料を納める必要のない学校だったのだ。

秋山家は長男が25歳で病に倒れ、次男が他家に養子入りしたため、実質的には好古が長男としての自覚を持っていたようだ。小学校の先生などを務めながら弟真之の学費を仕送りしていたという。

一方真之は子供の時から才気煥発で、近所では評判のガキ大将だった。毎日喧嘩に明け暮れていたので、小学校で出会った正岡子規から「喧嘩屋」と言われたくらいだ。ちなみにこの2人は中学から東京大学予備門まで同学となり、生涯の友となる。

好古の送金のおかげで松山中学に進級した真之は、その後好古から東京に呼ばれ、1884年（明治17年）、東京大学予備門に入学。ここでも子規とともに学んだ。子規に影響され2人で文芸の道を究めようと約束するが、兄好古の賛成もあって1886年（明治19年）に、海軍兵学校に入学している。

好古は生計を立てることを第一に道を選んでいったが、真之の場合は少し違う。

真之は、自分はどう生きるべきか悩んでいたという。海軍の中では天才肌で自信家、傍若無人な振る舞いを繰り返していたが、常に自分の居場所や成すべきことを求めていたようだ。

海軍だからこそ活躍できた

晩年の過ごし方も2人は対照的だった。

「智謀《ちぼう》湧くが如《ごと》し」とうたわれた真之だったが、日露戦争で受けた極度の疲労のためか、戦争後は抜け殻のようになってしまった。「真之は発狂した」という風説さえあり、真之は1918年（大正7年）、51歳でその生涯を終えている。

一方の好古は陸軍大将で退役し、故郷松山で中学校の校長になった。立身出世を果たしたうえの名誉の帰郷だが、校長時代は一日も休まず、しかも一分たりとも遅刻したことがなかったという。その好古は1930年（昭和5年）、72歳で永眠している。

個性が違う2人だが才能を発揮できたのは、明治という時代背景によるところが大きい。明治期は新しく国家や社会の制度をつくりあげていく時期でもあった。社会全体が広く人材を求めており、いい意味での能力主義が機能していたのだ。

2人が軍人になった頃、一般的に海軍はリベラルな雰囲気で陸軍は官僚的と言われていた。真之の才気煥発、傍若無人な天才ぶりはリベラルな海軍だからこそ生かされたとも言える。また陸軍の中でも騎兵部隊は貧弱でまったく重要視されておらず、だからこそ田舎出身でコネもない好古が入り込めたとも言えるのだ。

兄好古は地道に騎兵隊を育て上げ、弟真之は海軍の天才参謀として頭脳をフル回転させた。2人は互いに、ここぞと決めた分野でそれぞれのやり方で没入した。

好古は「男は生涯において、一事を成せばよい」という信念をもっていたという。日露戦争という大舞台で日本の窮地を救った2人の活躍は、その信念に適ったものといえるだろう。方法や性格は違えど、志を果たすために生きた2人の生き様は、どこかで通じ合っているように思える。

第4章

兄弟たちの情と愛

～支える者、支えられる者の人生～

水戸光圀と兄・頼重
――家督を譲り合う深い兄弟愛――

水戸光圀《みとみつくに》といえば、テレビドラマの影響もあり「水戸黄門《こうもん》」としてすっかりおなじみである。「この紋どころが目に入らぬか！」と葵《あおい》の印籠《いんろう》を取り出すシーンは定番中の定番となっている。

しかし、実際に黄門様は諸国を漫遊してはいない。水戸領内や関東南域各地に残る光圀のたわいもない訪問記といえる民間伝承がもとになり、のちに『水戸黄門漫遊記』という物語が生まれたと言われる。テレビドラマはこれを下敷きにつくられているのだ。

ドラマのイメージ通り、光圀は民に仁政を施したと言われるが、一方で『大日本史』という歴史編纂の大偉業にも取り組んでいる。

こうなると少々近寄りがたく思われる光圀だが、若い時にははめをはずして遊んだり、兄を超えて水戸藩の世継ぎになった負い目を終生感じているような人間くさ

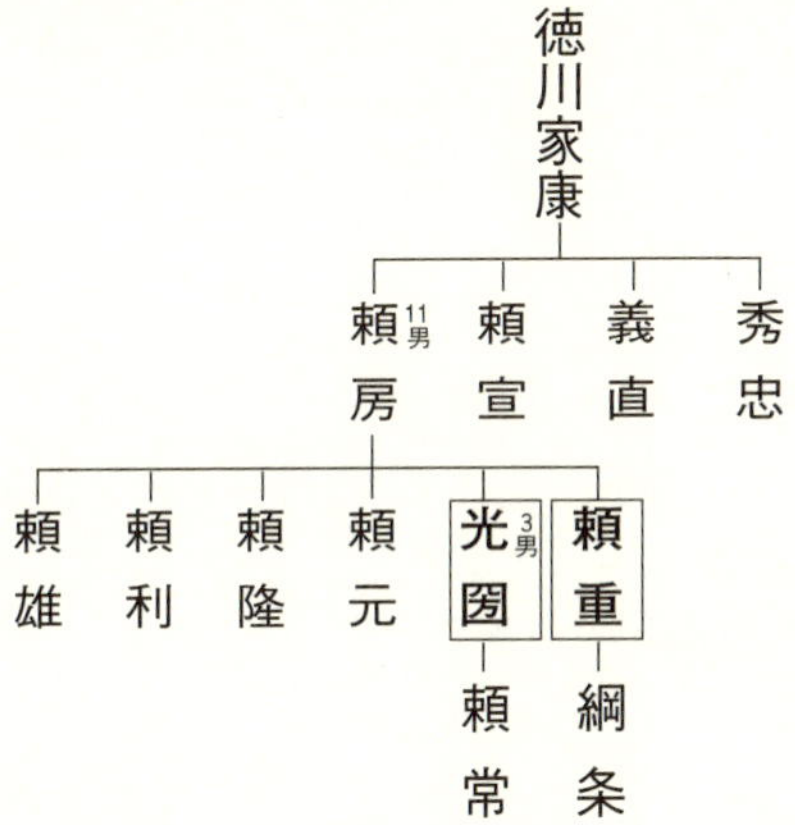

い人物だった。

兄を差しおいて跡を継ぐ

光圀は１６２８年（寛永5年）、徳川家康の11男、徳川頼房《よりふさ》の3男として生まれた。母が光圀を懐妊した時に父の頼房が「水になし申すやうに」と命令したため、家臣の三木《みき》之次《ゆきつぐ》の家で生まれ育てられた。

同じ母から長男の頼重《よりしげ》が、次いで別の側室から次男の亀丸が生まれているが、亀丸は幼くして死亡している。実は長兄の頼重の時も堕胎を命じられているが、こちらも家臣がうまくとり計らっていた。

光圀は6歳の時、兄の頼重を差し置いて

水戸藩の後継ぎに選ばれる。これには複雑な事情があり、世継ぎを決める際に居並ぶ子供たちの中に長男の頼重がいなかったことや、頼重の出生について幕府に届け出ていなかったことがその背景にあるらしい。

時代は3代将軍家光の時世。ちょうど幕府の基盤も確立してきた頃だ。光圀と家光はいとこ同士にあたるが、年は24歳も離れている。光圀の父頼房が家康の最晩年の子供だからである。

そのころは幕府の基盤が確立してきたとはいえ、頼房の兄にあたる家康の六男松平忠輝《ただてる》の追放や松平忠直《ただなお》の流罪など、徳川一門の中でも容赦なく粛清が続いていた。長男頼重が生まれた時には尾張、紀伊の御三家にも将軍家光にも子供が生まれておらず、あとあと何かことが起きた時に争いに巻き込まれることを恐れて頼房は堕胎を命じたとする説もある。

世継ぎに決まると光圀は江戸・小石川の水戸邸に移り住み、武士としての教育を受けることになった。この屋敷で兄とともに育つのだが、腕白で武芸にも秀でた光圀に対し、兄の頼重は対抗意識を表すわけでもなかった。

光圀は兄頼重に対し、世継ぎ問題で負い目を感じると同時に、同じ母から生まれた兄弟として生涯敬愛の念を持ち続けたと言われる。

自分の息子を交換しあう

やがて15歳をすぎると光圀は江戸の繁華街を放浪したり、遊女遊びをするようになり周囲の人間を困らせた。この頃に三味線やうどん打ちも覚えたらしい。若者らしいといえばそれまでだが、父親や家臣が戒《いまし》めても一向に耳を貸さなかった。

放蕩《ほうとう》生活を送っていた光圀に転機が訪れる。18歳の時に、司馬遷《しばせん》が書いた歴史書『史記』の「伯夷伝《はくいでん》」を読んだのだ。

中国に伯夷と叔斉《しゅくせい》という兄弟がいたが、弟の叔斉が兄伯夷を超えて後継ぎになることを辞退し、家督を譲り合った2人がそろって家を出てしまうという話である。

この話を読んだ光圀は、兄を超えて世継ぎとなった自分がいかに人の道からはずれているかを思い知らされた。

兄に対する負い目をどう償ったらよいのか。悩んだ光圀は兄の子供を自分の後継ぎにすることで藩主の座を本家の血筋に返そうと決意する。

1661年（寛文元年）に父頼房が亡くなると光圀は兄頼重や弟たちを呼び集め、兄の長男を養子にして後を継がせたいことを打ち明けた。

この時、兄頼重は初代高松藩主に就いていて、綱方《つなかた》という長男がいた。光圀はこの綱方と、もう一人弟の綱条《つなえだ》を養子に迎え、綱方が若くして病死してしまうと綱条を3代目の水戸藩主に据えることとなる。

実は光圀にも男の子が生まれていたのだが、兄の子を自分の後継ぎにと考えていた光圀は何の因果か堕胎を命じている。ところがこれも家臣が気をまわし、兄頼重のもとで育てられることとなり、のちに高松藩の2代藩主頼常となる。

兄弟で家督を争う話は歴史の中にいくらでも見られるが、このように互いに自分の息子を交換し跡を継がせている例は珍しい。

義を重んじる気持ちから発したこととはいえ、光圀と頼重はよほど深い兄弟愛で結ばれていたに違いない。

引き継がれた光圀の精神

『史記』に感銘を受けた光圀は、日本の歴史を編纂するという事業を思い立つ。

実際に着手するのはその12年後、光圀30歳の時のこととなる。１６５７年（明暦3年）、江戸駒込の屋敷に学者たちを集め、のちに『大日本史』と呼ばれる歴史書の編纂を始めたのだ。

この編集部のようなものは、のちに「彰考館《しょうこうかん》」と名付けられた。彰考とは、『春《しゅん》秋左氏伝《じゅうさしでん》』の序文にある「彰往考来（往くを彰《あきら》かにして、来るを考ふ）」からきているが、過去の歴史を踏まえ、それを断続させることなく継承させていくという光圀の志が表れている。

彰考館の史臣たちは日本各地に派遣され、さまざまな史料を集め、執筆編集に奮闘した。

『大日本史』の編集は光圀の死後も続けられ、完成したのはなんと１９０６年（明治39年）。全397巻目録5巻という、実に250年がかりの大事業となった。

ちなみにテレビドラマに出てくる助さん、格さんにはモデルがいて、どちらも彰考館の総裁となった人物だ。助さんは佐々宗淳《さ さ むねきよ》（通称介三郎）、格さんは安積覚《あ さか さとる》（同覚兵衛）という人物である。

今も親しまれている黄門様の黄門とは、光圀の官位が権中納言《ごんちゅう な ごん》だったことからきている。中納言の唐名を黄門という。1690年（元禄3年）に光圀は朝廷から権中納言に任じられている。

さて、朝廷と幕府に対して光圀は興味深い言葉を残している。

「我が主君は天子也。今将軍ハ我が宗室《そうしつ》也」

私たちの主君は天皇で、今の徳川将軍は親戚頭である、つまり水戸徳川家は将軍の家臣ではないというのだ。実は光圀の父頼房も同じような考えを持っていた。

将軍家に対するこのような独立心が、特に発揮されたのは5代将軍綱吉《つなよし》の治世。悪名高い生類憐《しょうるいあわ》れみの令を出した綱吉の暴君ぶりに光圀は1人抵抗し、「罪ある人間を処罰するように、屋敷内に勝手に入ってきた罪ある犬は処分する」と断言したという。

水戸、尾張、紀伊の徳川御三家は諸藩の中でも別格扱いで、将軍の後継者がいないと、これらの親族から選ばれることになっていた。

また水戸以外の御三家には参勤交代が義務づけられていたが、水戸藩主は江戸に常駐していたため、「副将軍」と言われるようになったという。実際には「副将軍」という役職はないが、光圀の資質のために多くの人にそう信じられたのだろう。

光圀は水戸徳川家の血筋を兄に返したが、幕府に対する独自性や学問を重んじる風潮は9代藩主の斉昭《なりあき》、その息子の最後の将軍慶喜《よしのぶ》に引き継がれていったのである。

坂本龍馬と姉・乙女

——末っ子の甘えん坊を見守る家族の愛——

幕末から明治にかけて多くの若者が歴史の舞台で活躍したが、最大のヒーローといえば、土佐藩を飛び出し世界情勢の中で日本の方向を指し示した坂本龍馬《さかもとりょうま》だろう。この龍馬の考案した「船中八策《せんちゅうはっさく》」がなければ、大政奉還もそうだが明治維新そのものも遅れていたと言っても過言ではない。

ぼさぼさの蓬髪《ほうはつ》で、いつも垢《あか》のついたような着物ばかり着ていたが、明るく闊達で誰の心にも忘れがたい印象を与えたという。

そんな彼も、意外なことに幼少時代は泣き虫でいじめられっ子の劣等生だったというから、人間とはわからないものだ。

龍馬は1835年（天保6年）、土佐藩の郷士《ごうし》である坂本八平の次男として生まれている。

郷士とは下士に分類される身分の低い武士階級（藩の階級は上士と下士に分かれ

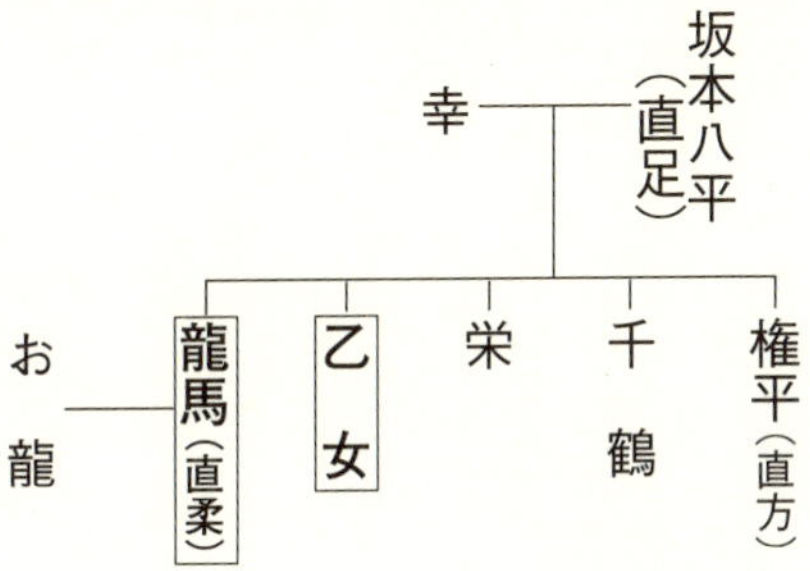

ている）のこと。坂本家は豪商として知られた才谷屋を本家とする裕福な家柄だった。ちなみに龍馬の父の3代前の八郎兵衛直益《なおます》が郷士株を購入して町人郷士となっている。

そんな家柄に生を受けた龍馬は兄1人、姉3人の5人兄弟の末っ子だった。兄の権平とは20歳ほど年が離れている。

龍馬が生まれる前、母の幸が「雲龍奔《うんりゅうほん》馬《ば》」が胎内に飛び込む夢を見たため、「龍馬」と名付けられたという。また別の説では、母の幸が黄金の龍が地から昇る夢を見たとか、父の八平が黄金の馬が天から下る夢を見たという説もある。

こうした英雄につきものの出生伝説を持つ龍馬だが、幼い時は泣き虫で、近くの楠《なん》山《ざん》塾に通っても毎日のようにいじめられて泣いて帰ってきたらしい。読み書きも大してできず、そのうちに塾もやめてしまう。また10歳を過ぎても寝小便が治らず両親を困らせたというから、ちょっと出来そこないの愚童だったようだ。

しかし、龍馬が12歳の時に母幸が病死してしまう。末っ子で甘えん坊の龍馬を母に代わって励まし育ててくれたのが、あの有名な乙女《おとめ》姉さんだ。母代わりといっても乙女と龍馬はたったの4歳違い。しかし明るく快活で男勝りな乙女は、学問や剣術の手引きをして龍馬を一人前の男に育てようと必死で支えてくれたという。

やがて龍馬は日根野《ひねの》道場に通うようになると、めきめきと剣術の腕をあげる。父や兄のように身長もしだいに伸びていき、たくましい体つきになっていった。

やがて師から「小栗流和兵法事目録」を授かり江戸留学を決意する。1853年(嘉永6年)、龍馬19歳の春だった。

龍馬を守った家族

江戸で剣術修業をしている時に、天下の一大事に遭遇する。

1853年（嘉永6年）6月3日、浦賀にペリーがやってきたのだ。その3日後、江戸湾に入港してきた黒船に衝撃を受けた龍馬は、「世界と日本」という構図がこの地球にあることを初めて認識する。

こののち外国を排斥する攘《じょう》夷《い》思想が高まる一方で、泰平の眠りをむさぼっていた幕府はどんどん求心力を失っていき、国の中心を幕府から朝廷に変えようとする尊王《そんのう》思想が吹き荒れる。

この激動の流れの中で龍馬の中に「日本を守るにはどうしたらよいか」という問題意識が芽生えてくる。

有識者たちに意見を聞く一方で土佐勤王《とさきんのう》党《とう》の活動にも参加するが、藩という小さな枠に縛られたくない龍馬は土佐勤王党から離脱し、1862年（文久2年）3月、ついに脱藩を決行する。この時龍馬は28歳だった。

脱藩をすると、坂本家は罪を問われたうえに士籍を剥奪《はくだつ》されてしまう。当然、龍馬1人の問題としてことが済まず家族にも迷惑がかかってしまう。この時、次姉の栄が脱藩する龍馬に旅費と刀を与えたと伝えられている。

栄は一度嫁いだが離婚して実家に戻ってきていた。夫からもらった護身用の刀を龍馬に渡すと自害して果てたという。これは脱藩者に力を貸した責任をとっての自害だという。

この栄は一部の家系図には登場しておらず存在感は薄いが、それは龍馬の脱藩劇を藩に知られないようにするための坂本家の隠蔽《いんぺい》工作ではないだろうか。

実はこれには別の説もあり、栄は龍馬の母が亡くなる前年に死亡していたのだという。栄ではなく乙女が刀を渡したとする説もあり、このあたりは判然としない。

いずれにしても家督を継いでいた兄の権平は、脱藩の翌日に龍馬がいなくなったことと刀を紛失したことを藩に届け出ている。兄の権平にとっても龍馬の脱藩は迷惑このうえないことだったに違いない。

坂本家を守るための行動をとった権平だが、やはり末っ子の龍馬がかわいくて仕方がなかったようだ。

龍馬が土佐を離れたあとでも所用で上京した時にはしばしば会いに行っていたようで、「40歳までは勝海舟《かつかいしゅう》のもとで修業したい」という龍馬の願いをうんうんと頷きながら聞き入れたという。

弟が天下国家のことを考えていても、権平はいつまでも保護者のように龍馬に接していたのだろう。

姉に送った「エヘンの手紙」

まるで親のような権平の存在があっても、やはり龍馬にとって一番頭があがらなかったのは姉の乙女だった。龍馬は、たびたび乙女に手紙を書いて近況を報告している。

脱藩したばかりの頃は、龍馬にはまだ目指す目標は見つかっていなかった。ところが勝海舟との出会いが運命を大きく変えることになる。

脱藩から約半年後の1862年（文久2年）10月、龍馬は時代の情勢について海舟の考えを聞きに出かけたのだ。

海舟はこの時40歳で、軍艦奉行並《ぐんかんぶぎょうなみ》に就任したばかりだった。そして列強諸国の植民地にされないためには、海軍を設置してその力で対抗しなければならないと説いたのである。

海軍とは、幕府の海軍を言っているのではない。藩を超えた国家としての海軍のことだ。

この話に龍馬はすっかり感激し、その場で海舟の門下生となる。

その後、海舟のもとで海軍操練所《かいぐんそうれんじょ》の設立に向けて奔走した後は、身につけた航海術を生かし長崎で海援隊の前身となる亀山社中《かめやましゃちゅう》を設立した。

その海軍操練所が立ち上がる頃、龍馬は乙女に「エヘンの手紙」と呼ばれる手紙を出している。1863年（文久3年）の頃だ。

「此頃は天下無二の軍学者勝麟《りん》太郎《たろう》という大先生に門人となり、ことの外かはいがられ候（中略）すこしエヘンにかをしてひそかにおり申候」

わが道を得、得意満面の自分をユーモアたっぷりに「エヘン顔」と書いている。

そんな茶目っ気いっぱいの龍馬と、それをあたたかく受けとめる姉の愛情が文面にて読み取れる手紙だ。

暗殺の2ヶ月前の別れ

龍馬は外国から日本を守るために、日本という国をどうしたらいいのか日々頭を悩まし、薩摩藩の西郷隆盛《さいごうたかもり》、長州藩の桂小五郎《かつらこごろう》といったキーパーソンたちを動かすために日本列島を東奔西走した。それは攘夷や開国、幕府や朝廷といった既存の思想や体制のための活動ではなかった。

時には藩に舞い戻ったり、ある時は勤王の活動をしたり、またある時には長州に味方して幕府攻撃に加担するなど、思想や体制、派閥に属している人間から見ればその行動は不可解なものだったに違いない。

1867年（慶応3年）、新政府の構想を大政奉還などの8項目にしたためた「船中八策」を土佐藩の後藤象二郎《ごとうしょうじろう》に提示する。これが15代続いた徳川政権を朝廷に返上する、大政奉還の実現につながることになる。

しかし、龍馬自身は明治を見ずに死んでしまう。

1867年（慶応3年）11月15日、京都の醤油商・近江屋《おうみや》の二階で、坂本龍馬は同郷の中岡慎太郎とともに暗殺されるのだ。この日はちょうど龍馬33歳の誕生日だった。

その2ヶ月前の9月下旬から10月にかけて、薩摩や長州が倒幕に向けて動いていることを知った龍馬は、土佐藩に自動小銃を購入させるため帰郷している。

この時数日間坂本家に滞在し、家族で水入らずの時を過ごしている。これが権平や乙女たちとの永遠の別れとなってしまった。

龍馬は一度目の脱藩は勝海舟の口利きで赦免《しゃめん》され、1863年（文久3年）に再び脱藩したが、これも土佐藩の後藤象二郎に罪を許されている。そのため大手を振って帰郷することができた。しかも土佐藩から自動小銃の購入代金として50両をもらっており、この一部を乙女に渡したという。

幕末の激変期に多くの若者たちがその尊い命を散らしており、龍馬もまたこの直後に暗殺されてしまうが、甘えん坊の末っ子がこのように故郷に錦を飾ることができたのはせめてもの救いなのかもしれない。

近藤勇と2人の兄

——激動の人生を歩んだ弟を支えた兄——

近藤《こんどう》勇《いさみ》といえば、「泣く子も黙る」新選組の局長だ。新撰組については、人斬り集団というイメージが強いが、近藤自身は情に厚く不器用なまでに忠義を貫いた人間として伝えられている。

鬼の副長・土方歳三《ひじかたとしぞう》や沖田総司《おきたそうじ》など、個性豊かな役者が揃った新選組は、ドラマや映画などで痛快かつ悲劇的な物語として描かれている。ちなみに沖田は美男子という設定が多いが、実際にはそのような伝承は残っていないようだ。

勇については、いかつい顔をして腕組みをした写真が残っている。しかし実は彼は3男坊で、弟思いの兄貴がいたといったら意外ではないだろうか。

近藤勇は1834年（天保5年）に武蔵国多摩郡の農家に生まれている。幼名は勝五郎《かつごろう》。父は宮川久次郎《みやがわきゅうじろう》といい、音五郎《おとごろう》、粂次郎《くめじろう》という2人の兄がいた。

父親の影響で勝五郎は幼い頃から剣術や武勇談に親しんだ。特に三国志の関羽の悲壮な最期（刑死）には涙をぽろぽろ流し、声をあげて泣いたという。

腕白で、年上の者も喧嘩で負かしてしまうほどのガキ大将ぶりを発揮していた勝五郎は、2人の兄とともに15歳の時から本格的に剣術の稽古を始める。めきめきと剣の腕を上げ、天然理心流《てんねんりしんりゅう》3代目・近藤周助《しゅうすけ》に見込まれ、16歳で近藤家に養子入りすることとなる。

近藤家に養子入りする直前にこんなできごとがあった。父久次郎の留守を狙って数人の強盗が宮川家に押し入った。勝五郎は、はやる兄の粂次郎をおさえ、敵の虚に乗じて討つべきだと言い、強盗が逃げ去ろうとした時を狙って襲撃した。不意の攻撃にあわてた強盗は逃げ去ったが、それを追おうとした兄を再び引き止め、家財道具はもとより2人ともかすり傷ひとつ負わずにすんだという。

この話が近藤周助にも伝わり、度胸がすわって機知に富んだ勝五郎に感服し、自分の跡を継がせようと決めたと言われる。

近藤周助に養子入りした勝五郎は、その後近藤勇と改名。江戸の市ヶ谷にある勇の道場試衛館《しえいかん》には、のちの新選組の主要メンバーとなる土方や沖田などさまざまな人間が訪れている。

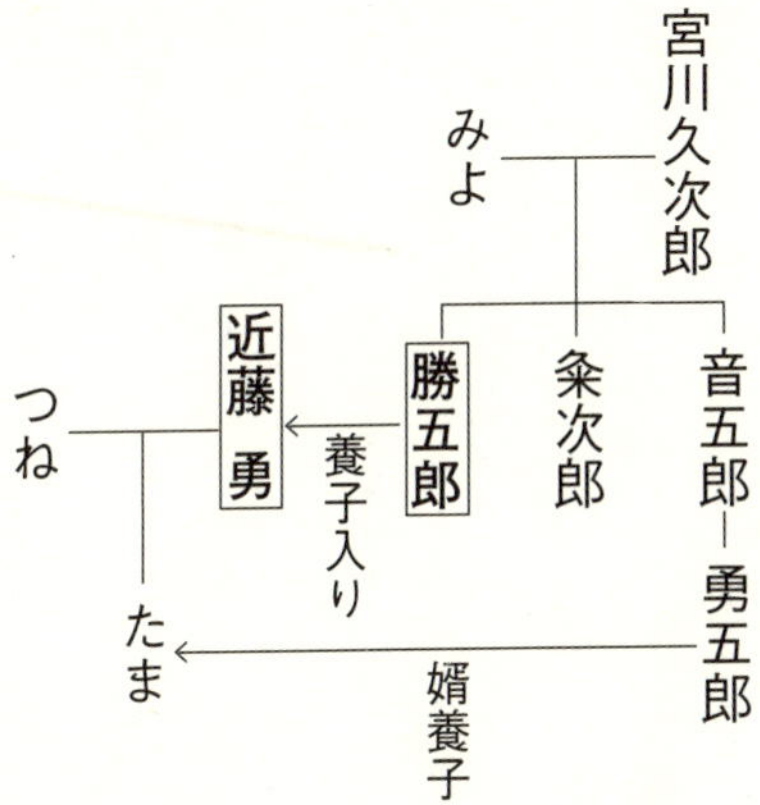

短い栄光と無念の最期

勇の運命を大きく変えたのは、1863年（文久3年）の幕府による浪士組募集だ。これは14代将軍家茂《いえもち》の上洛にあたり、京都を特別に警備するために組織されたもので、京都守護職の会津藩主松平容保《まつだいらかたもり》の配下に置かれた。

とはいっても、浪士組はならず者の集まりだった。最初は平隊士だった勇だが、その後隊内で粛清《しゅくせい》を図り局長のポジションに就く。

新選組が歴史の表舞台に大きく踊り出たのは、1864年（元治元年）の池田屋事件である。

市中放火を企てていた倒幕派が池田屋に集結していたところを一網打尽《いちもうだじん》にしたのだ。この一件で新選組は名を上げたが、同時に倒幕派からの恨みをまともに買うことになる。

最盛期は隊士が100人以上いたというが、その栄光もわずか数年足らずだった。1867年（慶応3年）の大政奉還、そして翌年の鳥羽伏見の戦いでは多くの隊士を失い江戸に逃げ帰っている。

その後甲陽鎮撫隊《こうようちんぶたい》を結成し甲州に向かうも敗退。勇は最後には下総《しもうさ》流山《ながれやま》に追いつめられ投降し、1868年（慶応4年）4月25日に板橋で斬首された。助命の動きもあったが、倒幕派のこれまでの恨みのために刑を免れることができなかったという。

流山で投降した直後、勇は「孤軍援絶えて俘囚《ふしゅう》となる」で始まる辞世の句を詠んでいる。この句は「只一死を将《もっ》て君恩に報《むく》いん」で終わっているが、文字通りどこまでも幕府への忠節を貫いた勇の心意気が伝わってくる。

農家出身の勇だが、武士として天晴れな最期だったと言っていいだろう。

首のない弟の遺体を抱く兄

さて、勇には妻のつねと上洛の前年に生まれた一人娘のたまがいた。長兄の音五郎は勇の留守宅の面倒をよく見てくれたという。この音五郎の次男勇五郎《ゆうごろう》がたまの婿養子というかたちで近藤家に養子入りしている。

勇五郎は１８５１年（嘉永４年）生まれというから勇が死んだ時には18歳だった。勇が板橋で捕らえられたといううわさを聞き、何度も板橋まで足を運んだという。そんな勇五郎は勇の処刑現場をはからずも目撃してしまうことになる。

その翌々日、勇五郎は実父の音五郎や門人たちとともに、勇の首のない遺体を掘り起こした。音五郎は首のない弟の遺体を見てわっと泣きながら胸に抱いてやったという。勇の亡骸は、宮川家の菩提寺である三鷹市の龍源寺《りゅうげんじ》に手厚く葬られた。

実は死の数ヶ月前、勇は江戸に落ち延び甲府に向かう途中で妻子に会ったり故郷に立ち寄ったりして大歓迎を受けている。この時勇は右肩を負傷していたため右腕が胸までしか上がらなかったのだが、左手で酒を飲みながら元気なところを見せていたのだという。新選組の運命は風前のともし火だったが、同郷の者から見れば大出世に映ったのだろう。

幼い頃三国志の関羽の話に涙した勇が、まさに同じような末路をたどることになるとは、兄たちはさぞ不憫に思ったにちがいない。

ちなみに勇の首は京都の三条河原でさらされたあと行方不明になった。墓や供養塔は東京都三鷹市の龍源寺や勇が斬首された板橋駅前、土方歳三が建てたという会津若松の天寧寺《ていねいじ》など、全国に数ヶ所存在するという。

夏目漱石と3人の兄たち
——長兄の愛と3兄への憎悪——

1915年（大正4年）、夏目漱石《なつめそうせき》は唯一の自伝的小説と言われる『道草《みちくさ》』を朝日新聞紙上に発表した。また同じ年の1月から2月にかけて、同じく朝日新聞に幼少期の思い出をつづった『硝子《ガラス》戸の中』を発表している。

この時漱石は48歳。翌年『明暗《めいあん》』を未完の遺作として世を去ることになるのだが、死を前にしてなぜ過去を題材としたのだろうか。

作品からうかがえるのは、文豪の複雑な生い立ちと不幸な少年時代だった。

居場所がなかった少年時代

漱石は1867年（慶応3年）、夏目直克《なおかつ》の5男として江戸・牛込に生まれている。漱石が生まれた日時は「大泥棒になる可能性がある」という言い伝えがあったので、「金之助」と名づけられた。

父親は近隣の名主で、漱石が生まれる少し前までは裕福な暮らしをしていたが、慶応3年といえば大政奉還がなされ王政復古の大号令がかかった大混乱期。士族制度を前提として成り立っていた名主の地位もあやしくなり、次第に生活が困窮していく。

母の千枝は直克の後妻で、漱石の上には先妻との間にできた2人の姉と、千枝が産んだ4男1女の兄姉たちがいた。すぐ上の兄と姉は幼少時に死亡している。

漱石は末っ子で、家計の問題と、両親が年をとってからできた子供ということもあり、生後まもなく四谷の古道具屋に里子に出されている。

この時はすぐに引き戻されたが、翌年、今度は内藤新宿の名主である塩原昌之助《まさのすけ》の養子となっている。

漱石はここで9歳まで過ごすのだが、実の父母だと思い込んでいた塩原夫妻は、漱石を育てた恩を売って自分たちの面倒を見てもらおうと考えていたようで、「おまえの本当のお父さんとお母さんは誰だい」と何度となく漱石に尋ねるものだから、しまいに漱石は苦しい思いを抱くようになっていったという。

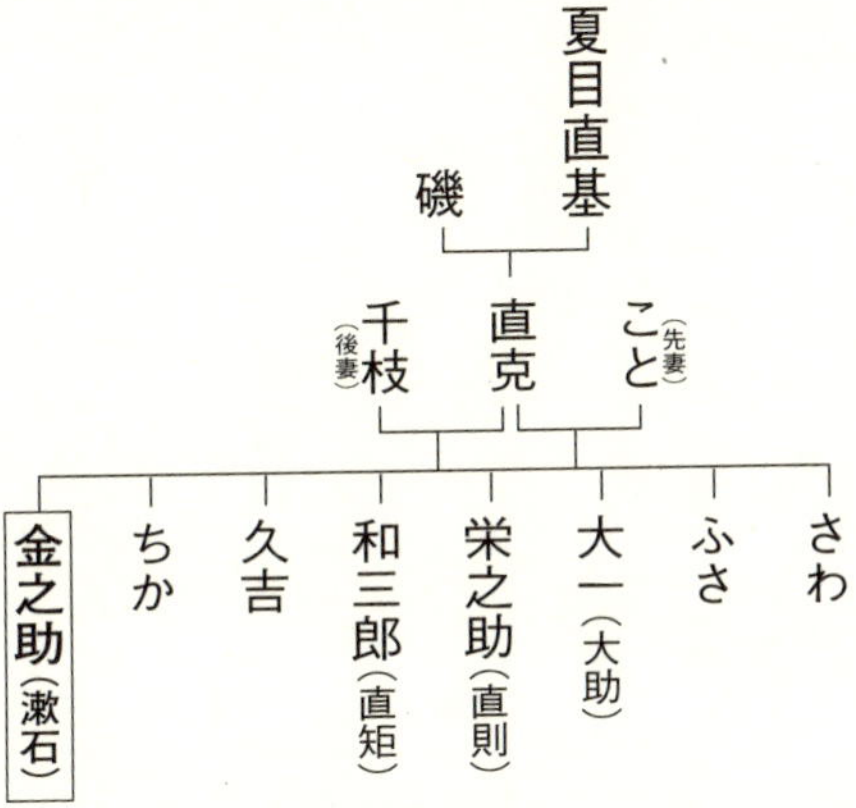

養父母の離婚がきっかけで夏目家に戻っても籍は塩原のままで、実の父からも厄介もの扱いされてしまう。

『道草』ではその様子を「健三（漱石のこと）は海にも住めなかった。山にも居られなかった。両方から突き返されて、両方の間をまごまごしていた」と書いている。

そんな環境にあって、唯一の救いは母だった。母は末っ子の漱石をかわいがった。『硝子戸の中』では、漱石が自分のものではない多額の金を遣ってしまう夢を見てうなされていると、母が「心配しないでも好いよ。御母さんがいくらでも御金を出して上げるから」と慰めてくれ、おかげで安心して眠ったというエピソードがある。

しかし優しい母は漱石が14歳の時にこの

世を去ってしまった。

お前が代わりに死んだ方がよかった

漱石が家族の中で愛情を感じられたのは、母と長兄の大助だけだった。

長兄の大助は漱石よりも10歳ほど年上で、兄弟というより大人対子供という関係だった。

漱石を愛していたからこそ叱りもしたし、英語嫌いだった漱石に英語の勉強をすすめたのもこの兄だった。しかし家で英語を教えてもらっても、兄が癇癪《かんしゃく》もちで教わる側の漱石が英語嫌いときているので長続きしなかった。

次兄の直則は兄弟の中で一番の放蕩者で、家にある古道具を勝手に売り払い、女遊びに熱を上げていた。しかもその古道具は、父の直克が遊びを我慢してこつこつと買い集めたものだったというから父親の怒りも相当のものだったらしい。

ちなみに3兄の直矩《なおただ》も遊び好きだったが、どうやら次兄と3兄は祖父直基の素質を受け継いでいたらしい。

長兄と次兄は１８８７年（明治20年）、漱石が20歳の年にあいついで結核で亡くなっている。長兄の大助は亡くなった時31歳だったが、結核のために生涯独身を通した。

漱石は『硝子戸の中』でこの長兄について次のような思い出を記している。大助には道楽の趣味はなかったはずだが、死後一人の女性が訪ねてきた。昔柳橋の芸者をしていたという女で、大助が死ぬまで結婚しなかったのかどうかを聞いてきたのだ。おそらく女は大助と深い関係にあったが、病気を理由に大助が身を引いたのだろう。本当に自分との約束通り独身を貫いたのか確かめたかったらしく、独身だったことを告げるとほっとした様子で立ち去ったという。

さて、２人の息子を亡くした父直克はさすがに心細くなり、以前は厄介者にして

いた漱石の籍を夏目家に戻すべく画策する。

漱石は1888年（明治21年）1月、戸籍上でも正式に夏目家の人間となった。

漱石のすぐ上の3兄直矩は、兄弟の中で唯一漱石よりも長生きをしている。彼は生涯に3度結婚している。

『道草』の中には「兄は最初の妻《さい》を離別した。次の妻に死なれた。その二度目の妻が病気の時、彼は大して心配の様子もなく能《よ》く出歩いた。（中略）三度目の妻を迎える時、彼は自分から望みの女を指名して父の許諾を求めた。」と辛らつに書かれている。

直矩の二度目の妻登世《とせ》は、1891年（明治24年）につわりがもとで死んでしまったのだが、漱石はこの義理の姉に対して格別に敬愛の念を抱いていたようである。登世が病床に臥《ふ》せっているのに夜ごと遊び歩いている兄の薄情さが許せなかったらしい。

たしかに敬愛していた長兄大助の愛の貫き方と比べてしまえば、その差は歴然としてしまうのだが。

漱石の次男伸六《しんろく》氏によれば、漱石の死後この直矩は友人から「社会的に見れば、弟さんの代わりに、君が死んだ方が良かったね」と言われて苦笑いしていたという。

つきまとう養父との関係

実は漱石は夏目家に復籍するにあたり、養父塩原昌之助に宛てて「お互い不実不人情にならないようにしたいと存じます」という書面を書かされている。

漱石の養育費はとうの昔に実父が支払ったのに、漱石が社会的な成功を収めたこともあり、「不実不人情」を口実に再び養父がつきまとってきたのだ。養父の欲深さとあつかましさに嫌気がさし、漱石はその書面を買いとり、今後一切関わりをもたないことを約束させている。

『道草』は、イギリス留学から帰って来た主人公が養父と再会するところから始まる。主人公はもちろん漱石自身の投影である。

子供の頃から肉親の情に薄かった漱石は、養父母の自分勝手な偽善さや実父の冷たい仕打ち、兄たちの勝手な振る舞いなど人間の醜さや卑しさを嫌というほど味わってきた。しかし作品の中で描いているのはこうした他者の姿だけではない。

『硝子戸の中』の最後の章で漱石は、これまで他人と自分のことについて書いてきたが、自分のことを書く時に「もつと卑しい所、もつと悪い所、もつと面目を失するやうな自分の欠点を、つい発表しずに仕舞つた」(出典『夏目漱石集二』筑摩書房)と述べている。

そこには自分の醜さをも客観的に見つめていた漱石の姿がある。

『道草』には、『吾輩は猫である』が書かれた頃の夫婦生活がもうひとつの主題となっており、妻との心理的な対立や危機的な状況について妻側の視点も取り入れて客観的に描かれている。この危機的状況も結局は回避されるのだが、ラストで主人公はこうつぶやく。

「世の中に片付くなんてものは殆んどありゃしない。一遍起った事は何時までも続くのさ。ただ色々な形に変るから他にも自分にも解らなくなるだけの事さ」

漱石は普遍的な人間の欲望やエゴを見つめていた作家だった。

漱石にとって彼が育った家庭環境とは、まさに欲望やエゴを持った人間社会の縮図だったのだろう。

与謝野晶子と2人の兄弟

――弟を想い兄を恨んだ女流作家――

与謝野晶子《よさのあきこ》の兄弟といえば、「ああ、弟よ、君を泣く」で始まる詩『君死にたまふことなかれ』の弟寿三郎《ちゅうざぶろう》が有名である。

晶子がこの詩を発表したのは1904年（明治37年）。晶子は26歳で、すでに雑誌『明星《みょうじょう》』の看板作家として活躍していた。

この半年前に日露戦争が始まり、寿三郎は旅順《りょじゅん》攻撃に参加している。弟が死なないでほしいという願いと、弟の新妻を気遣う思いが詩にあふれている。

発表当時日本軍は旅順で苦戦しており、「旅順の城はほろぶとも、滅びずとても、何事ぞ」とうたったものだから、世間から非難が集中。詩人であり評論家でもあった大町桂月《おおまちけいげつ》は「乱臣賊子《らんしんぞくし》」と晶子を批判した。

日本全体が欧米の列強国に対する脅威と危機感を感じており、お国のためには死をも辞さないという風潮の中、肉親の情を全身全霊をこめてうたいあげた晶子の度胸は大したものである。

「堺の街のあきびとの／老舗を誇るあるじにて／親の名を継ぐ君なれば」とあるように、寿三郎は日露戦争の前年の1903年（明治36年）に結婚し、その2ヶ月後に父宗七《そうしち》が死去すると家業を継いだ。

家にとっても寿三郎は大切な存在だったが、晶子にとってはそれ以上に自分を理解してくれるたった一人の肉親だった。

寿三郎は浪華《ろうか》青年文学界堺支部に晶子よりも先に入会していたくらいの文学好きで、家出同然で男性のもとに走り文学で身を立てようとする晶子の生き方を応援してくれていたのだ。

日露戦争は日本側の勝利に終わり、寿三郎は無事国に戻ってきた。堺の商家の主として終生晶子にいろいろと気遣いをしてくれたという。

生涯絶縁状態だった兄・秀太郎

寿三郎が理解者ならば、兄の秀太郎は晶子にとって世間体を気にするつきあいづ

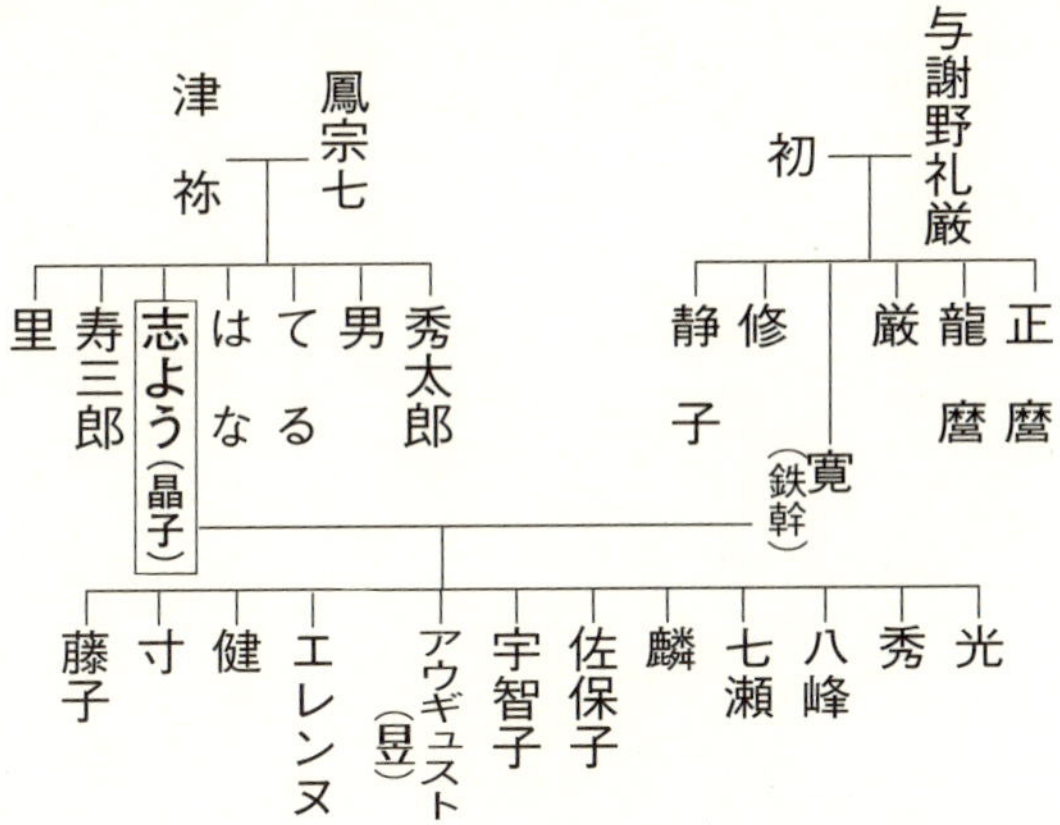

らい人だったのかもしれない。

兄の秀太郎は、のちに東京大学教授として電気工学の分野で大きな足跡を残した人物である。

晶子の実家は大阪府堺の駿河屋という菓子商だった。少女時代、店の帳場の片隅や夜になり皆が寝静まってから読書に耽っていた晶子にとって、東京の大学で自由に勉学に励んでいる秀太郎がうらやましかった。

なぜ男に許されることが女の自分には許されないのだろうか、そんな思いが晶子に芽生えていたのだろう。

一方秀太郎は、母が病気で臥せってしまった時、看病をして家をしっかり守ってくれた妹に対して安心感を持っていたようだ。

晶子はやがて浪華青年文学界に加入し、

その後、発足したばかりの『明星』に短歌を投稿するようになる。これが縁で与謝野鉄幹《てっかん》と恋に落ちるのだが、当時鉄幹には妻がいた。

1901年（明治34年）6月、晶子は上京し、妻が去った鉄幹のもとにころがりこむ。その年の8月、晶子は情熱的な恋愛をうたいあげた『みだれ髪』を上梓。2人はその秋に結婚した。

ところがこの頃、「文壇照魔鏡《ぶんだんしょうまきょう》」と「嗚呼売淫国《ああばいいんこく》」という怪しげな冊子が発行された。これは『明星』の盛況ぶりをやっかみ、鉄幹を中傷するような内容だった。それを読んだ兄の秀太郎は妹がおかしな詩人と一緒になったことを心配し、鉄幹と別れさせようとして晶子と口論になった。

結局この一件が原因で晶子と秀太郎は絶縁してしまう。2人は生涯絶縁状態だったと言われ、弟の寿三郎がそれをとりなしたり、晶子をかばったりしていたそうだ。

反目し合う2人の共通点

鉄幹との結婚後、晶子は次々と子を産み育てながら精力的に短歌や小説を書き続けた。

晶子が世間でその名を上げるにつれ、鉄幹の存在は薄くなってしまうが、そんな鉄幹を励ましパリ遊学を勧めたのも晶子だった。

鉄幹のパリ遊学に同行した晶子は、ヨーロッパの女性たちが生き生きとしている様を目の当たりにし、日本の女性たちが家制度の中でがんじがらめになっていることをはがゆく思うようになる。

帰国後、雑誌『青鞜《せいとう》』などに女性解放や男女平等について評論を書いているが、『青鞜』の主宰者で女性解放運動のリーダー的存在であった平塚雷鳥《らいちょう》とはソリが合わなかったと言われる。

雷鳥は母性保護を訴え、子育てのために労働力を失っている間は国家が女性を保

護すべきだと主張した。それに対し晶子は、それは女の甘えだと突き放す。これには晶子が11人の子供を産み育て、家計を支えてきたという実績と自信がその背景にあったのだろう。

思えば少女時代、店番をしながら読書するしかなかった晶子は、家のいいなりで結婚していく2人の異母姉を見ながら女性の置かれた立場について鬱屈《うっくつ》した思いを抱いていた。

後年、婦人の自己改造を説く晶子だが、それは何も女性だけに限ったことではないことにも思い至る。男は家庭に入ると自由や貪欲さを失ってしまうので、男こそ自己改造が必要だと『良人《おっと》解放論』まで書き上げているのだ。

当時家督制度に押し込められていたのは女性だけではない。弟の寿三郎についても、家を継ぐために東京の大学から引き戻された犠牲者とも言えるのだ。

こう見ると、反目しあう晶子と秀太郎だが、兄弟の中でこの2人だけが新しい生き方を切り開いてみせたと言えるのではないだろうか。

竹久夢二と姉・松香

——美人画を描き続けた画家の本心——

竹久夢二《たけひさゆめじ》といえば、美人画と詩歌で知られた大正時代の作家である。

その絵の中で描かれているのは、着物のえりをややだらしなく着崩していて憂いを含んだどことなくさみしげで甘えん坊な表情を持つ美女たちだ。新聞の風刺画から世に出た夢二は、さまざまな女性たちと浮名《うきな》を流しながらその女性たちをモデルに美人画を描き続け、一世を風靡した。

しかしモデルの女性が変わっても、夢二の描く女性像はあまり変わらなかった。彼は、眼の前にいる女性を描いていたのではなく、彼女達の中に自分の理想像を写し込むように描いたのだろう。

夢二の美意識の原点は、姉の松香にあるとも言われている。

1884年（明治17年）、夢二は岡山県邑久郡の山に囲まれたのどかな村で、代々酒屋を営む家に生まれた。家族は両親と姉と妹の5人。夢二の前に生まれた長男が夭折《ようせつ》してしまったため、夢二は後継ぎを期待される一人息子だった。

しかし、夢二は父親から見ると跡取り息子として頼りになる存在ではなかったようだ。姉妹に囲まれた男子だからだろうか、繊細で情緒的で、絵を描いたり歌を作ったりするのが好きな少年に成長していく。

夢二の母、也須能《やすの》は美人だが足が悪かったため、畑に出て働かないかわりに機織りをしたり針仕事をしていることが多かった。夢二や姉の松香は、つくろい物をする母のそばでコタツに入り、母の読んでくれる絵草子《えぞうし》に時々聞き入ったりしていた。

絵草子とは江戸時代からある庶民向けの通俗本で、「親と生き別れて悲しい運命をたどるお遍路《へんろ》さん」などという仏教説話に題材を得た歌舞伎や戯作《げさく》などが挿絵つきで描かれている雑誌である。

夢二はその話を聞きながら、世間の荒波にもまれる女性のはかない人生に思いを寄せたのではないだろうか。

そんな夢二にとって、あこがれの女性であり続けたのが姉の松香だった。

もともと、夢二の母方は美術家の家系であったらしい。小さな時から優れた美意識を持ち、手先の器用な夢二を母方の祖父は絵描きにしたいとも思ったようだが、代々商家の父は反対し商業学校へ行かせることを望んだ。

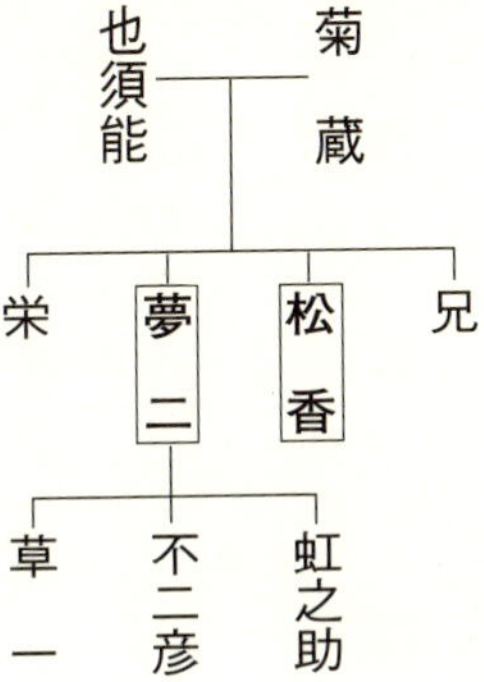

また、まめまめしく絵や詩ばかり描いている一人息子を情けなく思ったのか、絵の具を全部取り上げてしまったこともあったらしい。そんな時も姉は味方についてくれて、捨てられた絵の具を全部拾って夢二の引き出しに戻してくれたのだった。

そんな姉との最初の別れは、夢二が11歳の時にやってくる。松香は請われて、近隣集落に住む井原家に嫁に行ったのである。

細面で色白の松香は、夢二の描く絵画そっくりの美人だったという。そんな姉の髪を文金高島田《ぶんきんたかしまだ》に結い上げて白無垢《しろむく》を着た嫁入り姿は思春期の少年に特別な印象を間違いなく残したはずだ。

実際に、姉の嫁入りを夢二がどう感じたのか、それを想像させるような落書きが夢二の生家の柱に今も残っている。「竹久松香」という文字が左右が反対になった鏡文字で彫り込まれているのだ。

小さな頃に母親に読んでもらった絵草子の中の、運命に翻弄される女性たちの面影を姉に見たのだろうか。少年の純粋な心や、やり場のない怒りや哀しみのようなものを感じる落書きである。

その後、父親の事業の失敗によって竹久家は転居を余儀なくされる。神戸の中学に入学した夢二がわずか一学期で退校させられ家に戻ると、そこには婚家から離縁された姉が待っていた。

夢二は姉が戻ってきた喜びよりも、家同士の都合に翻弄される哀しい女の一生を感じ取ったという。

そして周囲の信頼を失った一家は逃げるように九州八幡に移って行き、二度と故郷の地は踏むことはなかった。

竹久夢二というと美人画ばかりがクローズアップされるが、実は故郷の風景や子供を描いたものも多い。

自分の画風を形成したともいえる幼年期の思い出が、そこにはたくさん詰まっていたのではないだろうか。

成功と派手な女性遍歴

1901年（明治34年）18歳の時、夢二は当初詩人になろうとして東京に出た。父親にはもちろん内緒で、姉と母に助けを借りて家出をしているが、詩作で飯を食う道は思ったよりも難しかった。

アルバイトに明け暮れる苦学生活を送ったのちに、思いついた手法が「文字の変わりに絵の形式で詩を書く」ということだったという。当時このやり方は「ポンチ絵」と呼ばれ、夢二は政治や社会世相を皮肉った風刺画や文学雑誌の挿し絵などを描き始め、竹久夢二はしだいに「人気画家」になっていったのである。

こうして名が世に出始めた23歳の頃、夢二は早稲田鶴巻町《わせだつるまきちょう》で絵ハガキ屋を営む岸たまきに出会う。

たまきは夢二の初期作品のモデルであり、夢二と結婚、離婚、同居、別居を繰り返して彼の子供を3人産んだ「腐れ縁」ともいうべき女性である。そしてここから先、夢二は生涯にわたってたまき以外の何人もの女性と同居をしては別居を繰り返すようになるのだ。

美人画を描くためには、常に自分の傍に創作意欲をかきたててくれる女性がいなくては筆が動かなかったのだろう。その情熱は常人の理性を超えていて、自分の家庭や相手の親や世間の目などはほとんど気にならなかったようだ。

ちなみにたまきの次にモデルとなった彦乃《ひこの》は、夢二が31歳の頃にたまきのために開いた絵草子屋に客としてやってきたところを夢二の目に留まっている。

美術学校日本画科の生徒だった彦乃は、当時まだ20歳である。夢二と10歳以上も歳が離れていたがそれでも親の猛反対をかいくぐって駆け落ち的な旅行に出てしまう。だが彦乃が病に倒れ、長続きはしなかった。出会って5年目に彦乃は永眠してしまうのである。

一年もしないうちに、以前からモデルにきていた17歳のお葉《よう》と同居するようになる。夢二とは20歳も年が違う親子のようなカップルで、たまきとの間にできた次男の不二彦《ふじひこ》と3人で、家族ごっこのような暮らしぶりだったという。

しかし、それも数年しか続かず、夢二の女性遍歴はなおも続くのである。

夢二はいつも女性に自分の理想像を押し付けなければ気がすまないたちだったと言われる。

また、夢二には愛した女性たちの名前が気に入らないと愛称をつける〝趣味〟があったらしい。「彦乃」は「しの」、「かねよ」は「お葉」、銚子の海鹿島《あしかじま》で出会った「賢《たけ》」は「お島《しま》」というように、自分の好みで決めている。夢二とかかわった女性たちはそれぞれ別名を持たされていたわけだ。

モデルにポーズをとらせてせっせとスケッチするというのではなく、日々の暮らしを見ていてデザインを思いつくタイプらしい。先に歩かせてその足首をまじまじと見ていたりしたそうである。

彼女達は常に夢二の美意識にかなう存在でなくてはならず、ひと時も心休まることがなかったのではないだろうか。そうかと思えば美人画を描きながら、逆にモデルの顔にマユを付け足したり足首に紅をさしたりすることもあったという。

自分の中にある「理想の女性像」を目の前にいる生身の女性に写し込みたいという願望の表われなのだろうか。

一度離婚した姉の松香は、のちに再婚して東京に暮らしていたが、そんな夢二の女性遍歴をひそかに心配していたという。

1934年（昭和9年）、欧米の外遊から結核をわずらって帰国した夢二は、そのまま信州の高原診療所に入院し、ひっそりと1人息を引き取った。付添いもなく、見舞いも頑として断り、孤独の闘病だったたという。

だが、夢二の日記の最後には「松香は私の姉で最も私を愛してゐます。彼女を哀しませるのは辛い。だがみんな辛いよ」という一文が書かれている。

多くの女性を愛した夢二だが、最後に心にあるのは姉のことだったのだ。

宮沢賢治と妹・トシ
——生涯独身を貫いた兄と妹の関係——

『銀河鉄道の夜』『風の又三郎』などの童話で老若男女から親しまれている宮沢賢《みやざわけん》治《じ》。故郷をこよなく愛し、農業への関心も高かった賢治だが、内面にはさまざまな葛藤を抱えていたようだ。

賢治が28歳の時に最初に世に出した詩集は、その名も『春と修羅《しゅら》』というタイトルだった。

若い時は熱心に信仰に打ち込んだり、その後農学校教師を経て羅須地人協会を設立し、自ら農民になろうとするなど37歳の生涯の中でさまざまな活動を繰り広げた。自らの活動においても、その原動力となったのは「信仰」と「奉仕」の精神だ。自らの欲望や幸せを振り切るかのように、賢治は生涯独身を通した。

詩集『春と修羅』に収録されている「けふのうちに／とほくへいってしまふわたくしのいもうとよ」で始まる『永訣の朝』は、最愛の妹トシの臨終の日に書かれたものだ。同じ日付で、ほかに『松の針』『無声慟哭《むせいどうこく》』という2篇の詩も書いている。

妹トシは賢治にとってどのような存在だったのだろうか。トシの存在は、賢治が生涯独身を通したことに何か関係しているのだろうか。

最大級の愛情表現

賢治は1896年（明治29年）、岩手県の花巻で商家の長男として生まれた。2年後に妹のトシが生まれている。

当時の東北地方は凶作対策が最大の課題で、農業に従事している人々の生活は非常に厳しかった。しかし賢治の家は比較的裕福だったようで、賢治は中学卒業後に盛岡高等農林学校に通っているし、妹のトシにおいては東京に行って日本女子大に入学している。

トシのほかにシゲ、清六、クニという2人の妹と弟が1人いたが、すぐ下のトシは賢治にとって特別の存在だった。トシは兄賢治を敬愛するとともに、彼のよき相談相手でもあった。賢治もまた、トシに深い信頼を寄せていた。

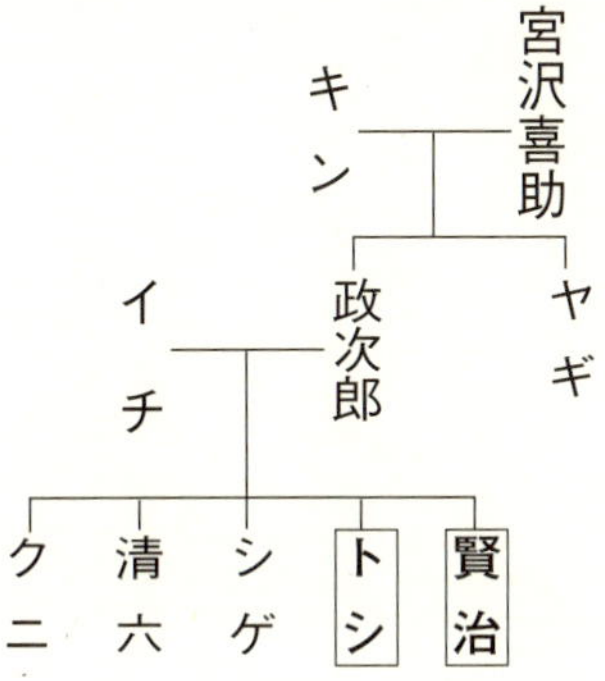

１９１７年（大正６年）、トシが日本女子大在学中に、賢治は自分の将来の職業について「木材の乾溜、製油、製薬の様な」仕事に十分自信も興味もあると手紙で伝えている。賢治はトシの卒論の相談にものっていたようだ。

一方、トシは母に宛てた手紙に「御父様や兄様方のなさる事に何かお役に立つ」ように道を求めて行きたいと書いている。

１９１８年12月、トシが風邪で入院したという知らせを聞くと、賢治は母と東京に駆けつけ、献身的な看病にあたった。

トシは翌年の春に花巻に帰り、しばらく静養したのちに母校の花巻女学校で教諭心得となったが、それも長くは続かず１９２１年の秋に体調を崩して退職している。

退職後、トシは別荘で静養していたが、賢治も同じ別荘の2階に寝泊りし、そこから当時教師をしていた農学校に通っていたという。トシが別荘から本宅に居を移すと賢治も本宅に戻っている。いかにトシを大切に思っていたかがうかがえる。

しかし1922年（大正11年）11月27日、トシは永遠に還らぬ人となった。

恋人を超えた魂の同志

トシが死んだ日に書かれた『無声慟哭』には、こんな部分がある。

「ああ巨きな信のちからからことさらにはなれ／また純粋やちひさな徳性のかずをうしなひ／わたくしが青ぐらい修羅《しゅら》をあるいてゐるとき／おまへはじぶんにさだめられたみちを／ひとりさびしく往かうとするか」（出典『日本詩人選10　宮沢賢治詩集』小沢書店）

信仰を生涯の中心にすえた賢治だったが、なぜ自分を「修羅」というのか。

『無声慟哭』は続いて「信仰を一つにするたったひとりのみちづれのわたくしが／あかるくつめたい精進《しょうじん》のみちからかなしくつかれてゐて」と、トシと賢治が信仰

の道連れであるのに、自分は道をふみはずしてしまいそうなことをうたっている。

賢治とトシが信仰していたのは日蓮《にちれん》宗だ。実は、家族で日蓮宗を信仰していたのはこの2人だけだった。

もともと宮沢家は浄《じょう》土《ど》真《しん》宗の寺の檀家《だんか》で、父は熱心な仏教徒だった。その影響で賢治も幼い頃から仏教に関心を持っていたが、中学卒業後に読んだ書物の影響で法華《ほけ》経《きょう》に惹かれていった。1920年（大正9年）には日蓮宗を信じて国柱会に入会し、翌年突然家出して上京し、国柱会への奉仕活動にのめりこんでいる。

家族を改宗させようとして、賢治と父はしばしば宗教にかかわる論争をして母を心配させていたという。そんな中でも、トシだけはいつでも兄を信じ味方になってくれていた。そんな妹に対し、なぜ自分だけが道をふみはずしていると賢治はうたうのだろうか。

賢治が言う「修羅」とは、人間の心の中で「善意と悪意とが対立し拮抗する苦悩ではないかと詩人の中村稔《みのる》は指摘している。詩『松の針』には、妹が病気で苦しんでいるのに、「ほかのひとのことをかんがへながらぶらぶら森をあるいてゐた」という一行がある。この時期の賢治は恋愛をしていたのかもしれないというのだ。

抑圧された恋愛感情と、信仰との矛盾に苦しむ姿を賢治はみずから「修羅」と呼んでいたのだと考えられる。

『無声慟哭』の詩の結末では、「わたくしのかなしさうな眼をしてゐるのは／わたくしのふたつのこころをみつめてゐるためだ／ああそんなに／かなしく眼をそらしてはいけない」とある。

「ふたつのこころ」とは、信仰と恋愛にひきさかれそうになる賢治の心のことだ。「かなしく眼をそらす」のはトシで、賢治が矛盾に苦しむ姿を見通しているからこそ、そこから眼をそらさないでほしいと訴えているのだろう。

自分の修羅の部分まで見透かしていたトシは、賢治にとって最大の理解者であり、恋人を超えた魂の同志のような存在だったのかもしれない。

トシの死は、魂の同志を失う悲しい体験だったが、同時に信仰への矛盾を乗り越えるきっかけだったのではないかと中村は言う。

トシの死の４年後、１９２６年（大正15年）に賢治は羅須地人協会を設立し、これまで培ってきた農業技術と芸術で農民に奉仕しようと活動を始めた。この活動は賢治の病気のために１９２８年（昭和３年）に終わりを告げるが、賢治なりの信仰を具現化する生き方だったに違いない。

賢治はトシの死によって、信仰の葛藤を乗り越えたのだ。それが賢治に生涯独身を通し、最期まで故郷のために尽くす道を歩ませることになったのだろう。

第5章

天才兄弟の華麗な経歴

～ともに活躍した兄弟の軌跡～

川路聖謨と弟・井上清直

――幕末の外交交渉をリードした兄弟――

親の果たせなかった夢を自分の子供に託すのはよくある話だ。学歴にコンプレックスを持っている親が、自分の子供だけは惨めな思いをさせたくないと学費を工面して大学まで行かせようとする思いは今も昔も変わらないようだ。

江戸幕府第11代将軍家斉《いえなり》の頃、豊後国（現在の大分県）の日田代官に勤める内藤吉右兵衛のもとに相次いで男子が生まれている。１８０１年（享和元年）に誕生した弥吉と１８０９年に生まれた松吉の兄弟だ。

兄の弥吉は、12歳で川路三佐衛門の養子となり聖謨《としあきら》と改名し、その後弟の松吉も同じように井上新右衛門のもとへ養子に出て清直と名のることになる。

兄弟の実父である内藤吉右兵衛はかなり向上心のある男だったようで、今の自分の仕事に飽き足らず中央政府である幕府へ仕官しようと幼い子供を連れて上京している。

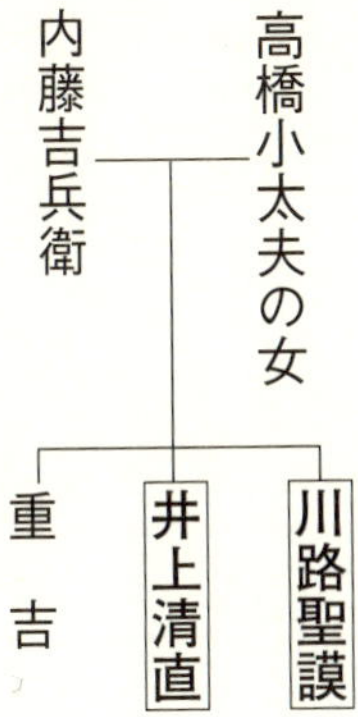

しかし、努力の末やっと下級幕臣になったものの、それ以上の出世の道は厳しかったようだ。そしてその屈辱を晴らすかのように、彼は息子たちに英才教育を施した。

食事を切りつめ、酒も飲まず教育費を捻出した。２人の息子たちは親の愛情と期待を一身に受けて学問や武芸に励んだという。

その甲斐があったのだろう、川路聖謨と井上清直《きよなお》は高級官僚として、幕末の複雑な外交交渉で後世まで名を残すような立派な大役を果たしたのだ。

ロシア人にも認められた兄

１８１７年（文化14年）、川路聖謨は幕

府勘定所の登用試験に合格し、翌年支払勘定出役となる。治安が難しいと言われていた佐渡奉行や奈良奉行を歴任し、トラブルの処理などでその手腕を発揮した。その後、大坂町奉行勤務となるが幕府からの要請で呼び戻され、1852年（嘉永5年）「海防掛」に抜擢されている。

海防掛の職務とは、江戸周辺の海岸及び海洋の安全を守ることである。聖謨は巡視の結果、海からの攻撃から江戸を守るために現在のお台場の地に砲台を設置するよう進言している。

長い間鎖国をしてきた日本に対して、欧米列強諸国からの開国を求める圧力が日に日に勢いを増している状況を考えると、聖謨の抜擢は、幕府の大きな期待を背負ったものであったと言える。

1853年にペリーの艦隊が浦賀に来航したのに続き、ロシアのプチャーチンも長崎に来航する。

この時聖謨は、対ロシア外交の全権を与えられ、長崎に赴きプチャーチンと直接交渉した。そして翌年には、何の争いごともなく下田にて日露和親条約を結ぶことに成功したのだ。

記録によると、聖謨はロシア側に一歩も譲ることなく千島列島の国境問題など日本側の主張を述べたという。知性とユーモアを織り交ぜながら、堂々と振舞った聖謨にロシア側はとても好感を持ったようで、記念写真まで撮っている。

和親条約とはその名の通り、国交を開始するのはもちろんだが、国民同士も助け合おうという趣旨の内容だ。

これは「敵に対しては戦うべし」という、従来の武家社会の体質からは考えつかない発想だ。幕府は鎖国を貫き、外国人や部外者を除くことで平和を維持してきたので、困った外国人を助けるという発想は庶民には到底理解できなかっただろう。

順調に出世街道を進んでいた聖謨だが、１８５８年（安政５年）、幕府に反対した尊王攘夷運動を弾圧した安政の大獄に巻き込まれ、開国に対して消極的だった大老井《い》伊《い》直弼《なおすけ》に地位を追われてしまう。その後、桜田門外の変で井伊直弼が倒れると

同時に、新たに設置された外国奉行に任命され復帰するものの病のため辞職、高級官僚としての生活に終止符を打った。

世はまさに尊皇攘夷が盛り上がっている時で幕府側も混乱していた。和宮《かずのみや》による公武合体策や長州征伐など新手を打つものの時代の流れには勝てず、15代将軍慶《よし》喜《のぶ》をもって江戸幕府は崩壊する。

1868年（慶応4年）3月、江戸城の無血開城を見ることなく聖謨は割腹ののちピストル自殺した。徳川家康の時代から265年続いた江戸幕府という組織と一緒に殉死したのだ。

アメリカとわたり合った弟

兄の聖謨と同様に、弟の井上清直も外交手腕に優れていた。幕府に忠誠を誓い命まで捧げた兄に比べ、弟の清直は幕府よりも日本国としての誇りを大事にしていたところに違いがある。欧米の列強諸国が海を渡り、次々と鎖国中の日本へ押しかけてくる中、1858年（安政5年）、俗に不平等条約と言われる日米修好通商条約が結ばれている。この時アメリカ総領事ハリスとわたり合ったのが、井上清直である。

この条約は、長崎や兵庫などを新たに開港したり外国人居留地を定めたのと同時に、アメリカの領事裁判権を認めることや日本が関税自主権をもたないなど、不平等と言われてもおかしくない内容だった。

しかし実情は、当時の日本の法律と国際法とのギャップがありすぎて、日本で外国人を裁くのに多少無理があったことや、関税自主権がないといってもアメリカと相談して決めることが出来たことなどから、一方的に決められた不平等条約とは言い難いようである。

逆に、アメリカと条約を締結することで、ヨーロッパ諸国への強力なアピールにもなり、日本がアジアの中で植民地化するのを逃れ国の独立を守ったともいえるだろう。

清直は、商談のうまさにも定評があったようで、気の短いハリスをうまくおだてて、相手が高飛車な態度に出た時も感情に流されず誠意を持って粘り強く対処したようだ。

その後、井伊直弼が君臨するうちは左遷や復職を繰り返すものの、最後は江戸町奉行にて治安の維持に努めたが、兄の聖謨が亡くなる前年の1867年（慶応3年）に病気に倒れた。

川路聖謨と井上清直の兄弟は、その優秀さゆえに取り立てられて、幕末の混乱に巻き込まれてしまったが、日本政府の創生期といえるこの時代に高級官僚としての職務を立派に成し遂げた功労者といえるだろう。

幼い頃に実父から叩き込まれた教養や勉学に対する姿勢が基礎となっていることは言うまでもないが、世に出る機会を作ってくれた父への感謝の思いは終生変わらなかったのではないだろうか。

小林虎三郎と兄弟たち

——〝米百俵〟の教育一家——

小林虎三郎《こばやしとらさぶろう》は、新潟県長岡市に今も伝わる幕末・維新期の志士である。中央政府の人間ではなかっただけに知名度はやや低いが、その業績は今も語り伝えられている。

2001年（平成13年）5月、小泉純一郎首相が所信表明演説の中で、行政改革に臨む決意を「米百俵《こめひゃっぴょう》」の精神にたとえて述べたことがあった。この「米百俵」こそが、幕末維新当時小林虎三郎の行った政治的大決断なのである。

1870年（明治3年）、長岡藩は困窮にあえいでいた。1868年（慶応4年）に始まった戊辰《ぼしん》戦争で戦場となったために、長岡城下とその付近は戦火でほぼ全面的に焼け野原となり、人々を飢餓が襲ったのである。

そんな様子を見かねて、長岡藩の支藩にあたる三根山《みねやま》藩から百俵の米が見舞いとして送られてきた。普通ならこれを人々に配るだろうが、売って藩校である国漢学《こっかん》校の資金にしようと決断したのが、当時長岡藩大参事《だいさんじ》の役職に就いたばかりの小林虎三郎だった。

口に入るはずの食料を取り上げられたとばかりに、小林のもとに押し寄せ斬りかかろうとする藩士たちを制し、彼はこう言った。

「分けて食べれば一人4合ほどでなくなってしまう。売って教育資金に換えれば、それが生み出す価値は何万俵にもなって返ってくるはずだ」

これを「米百俵」の精神といい、これ以降長岡の郷土の精神として長く受け継がれていった。130年たった今では、不況時代を乗り越えるべく首相の所信表明にも引用されているというわけである。

小泉首相は「不況に耐えよ」というおおざっぱな意味で使ったようにも思われるが、虎三郎の「米百俵」の本当の意味は「教育費を充実させる」ということにある。

佐久間象山との運命的な出会い

虎三郎は、1828年（文政11年）長岡藩士小林又兵衛と久の間に8人兄弟の3

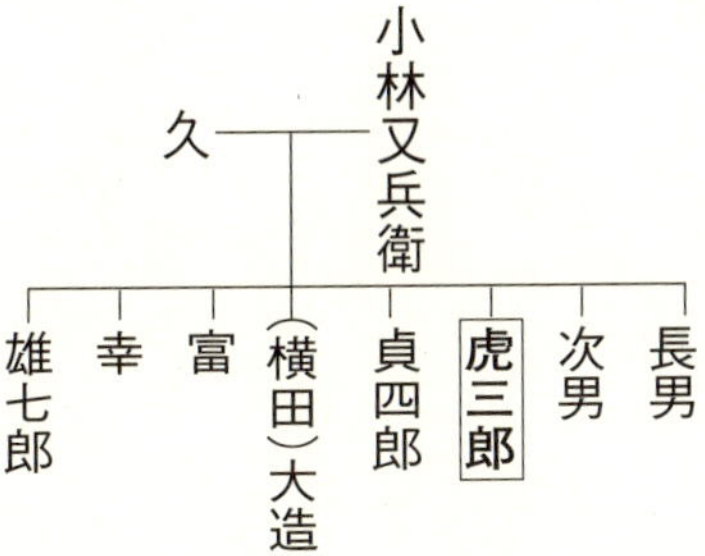

男として生まれた。長男と次男が相次いで他界したため長男として育てられたが、虎三郎もまた幼い頃に疱瘡にかかって生死の境をさまよったという。一命は取り留めたものの左目を失明してしまう。

ハンディを背負った息子を跡取りとして、いかにして立派な人間に育てるか。親にとっては永遠の課題だったろう。

1838年（天保9年）に新潟町（今の新潟市）で時の蘭学者佐久間《さくま》象山《しょうざん》と出会い、その知識の深さに感心して虎三郎の教育をこの人に託すことを決心したというのである。

佐久間象山は幕末の開国論者であっただけでなく、東洋の精神文化と西洋の物質文明の両方に通じ、砲術家・科学者・医学者・言語学者・政治家・詩人・儒学者として多方面で業績を残した人である。

虎三郎の父又兵衛は藩士としても有能で、新潟町奉行などを務めた人だが、役人かたぎのガンコな人ではなく、柔軟な考え方のできる人だったという。

象山の語録には「忠義をなすことによってたとえ罪を受けても恨もうとは思わない。だが、忠義を行うべき時に行わないで手をこまねいていると、国の危機はすくいがたいところまで進んでしまう。これこそが憂うべきことなのだ」というものがある。

まさに、虎三郎の「米百俵」の決断にも相通じる思考である。飢餓に苦しむ藩士の猛反対は十分予測できたものの、教育を充実させることはそれを押し切っても行うべき「忠義」であると、虎三郎の信念はゆるがなかったのだ。

父と象山の出会いなくしては、「米百俵」は誕生しなかったはずである。

兄弟子孫に流れる「教育」の血

1850年（嘉永3年）、23歳の時、虎三郎は藩命を受けてやっと江戸へ向かうことができた。行き先はもちろん、佐久間象山の塾である。

同門には、長州からやってきた吉田松陰《よしだしょういん》がいた。松陰は当時寅次郎《とらじろう》を名乗っていて、小林と吉田は「象山塾の二虎」と呼ばれる存在だった。

この「二虎」を師匠の象山はこう評価している。

「天下、国の政治を行う者は吉田であるが、わが子を託して教育してもらう者は小林のみである。」

その頃から虎三郎の教育者としての見識は際立っていたようだ。

１８５４年（安政元年）、長岡藩家老の牧野正雅《まきのまさひろ》に横浜開港を直訴したかどで、虎三郎は帰藩、謹慎を命じられる。幽閉期間は5年に及んだが、この期間にまとめあげた教育論『興学私議《こうがくしぎ》』が戊辰戦争後に長岡藩文部総督となった虎三郎の教育施

策の元になっている。

1869年（明治2年）、戦火を逃れた寺の本堂を借りて国漢学校を開校、子供たちに素読（論語などの読み方）を教えた。

そして戦渦に巻き込まれた翌年には「米百俵」を売ってできた金、およそ270両前後をつぎ込んで新校舎を設置。必要な書籍、器具の購入にあてたのだ。

この「教育重視」の発想は虎三郎だけにとどまらず、小林家の兄弟と、その子孫にまで受け継がれていく。

末弟の小林雄七郎《ゆうしちろう》は虎三郎より17歳年下の同母兄弟で、慶応義塾に学んだあと大蔵省に勤務して、その力量を明治政府に認められたという。その後旧長岡藩の同志を集めて1875年（明治8年）に育英団体の「長岡社《ながおかしゃ》」を設立した。

郷土出身の子弟のための育英会としては全国初の試みで、その後虎三郎は1877年（明治10年）に死去するが教育への情熱はこうして受け継がれていったのである。長岡社の教育資金により、その後50年間で84名が選ばれて大学進学などを果たしたという。

また、5男の大造は横田家に養子に入り、戊辰戦争後には中島製油場を作って商人として活躍している。この時期、長岡には「ランプ会」という経済団体が生まれ、市場経済の活性化が行われた時期である。

妹の幸は虎三郎とともに長岡藩の近代化をすすめた河井継之助《かわいつぎのすけ》のブレーンであった小金井儀兵衛《こがねいぎへえ》と結婚した。子供には、小金井権三郎《ごんざぶろう》と小金井良精《よしきよ》の兄弟がいる。

小金井権三郎は自由党衆議院議員になり、良精は日本初の解剖学者であり生物学者となった人で、アイヌの研究でも高く評価される人物である。

ちなみに現代への系図をたどると、この小金井良精と森鷗外の妹喜美子の間に生まれた娘が小金井精《せい》で、精と星一《ほしはじめ》との間に生まれたのが、ＳＦショートショートで知られる作家の故・星新一《ほししんいち》氏である。

また、星一は１９１１年（明治44年）に製薬会社を興し、その教育機関として薬科大学を創設したという人物である。

教育こそが人材を作り、国や社会をつくるという虎三郎の考え方は、こうして現代にも生きているというわけである。

西園寺公望と兄・実則、弟・友純

——政治家と天皇の側近と実業家の交流——

研究好きな学者一家や弁護士ばかりの弁護士一家という例があるように、血は争えないというべきか、家族というのはだいたい似たような職業意識を持つものかもしれない。

しかし、兄弟が3人いて3人ともまったく畑違いのところで大成し、それぞれ成功をおさめるというのも珍しい。

ここで取り上げる徳大寺《とくだいじ》家の3兄弟の場合、養子に出された家の環境の違いという運命に左右された面もあるが、実父としては、さぞや自慢の息子たちだっただろう。

鎌倉時代から摂政や関白を独占してきた家柄である近衛《このえ》や一条、九条などの摂家《せっけ》は公卿の中でも上層部にあたるが、その摂家に次ぐ地位を誇るのが清華家で、三条や久我など9つの名家をさしている。

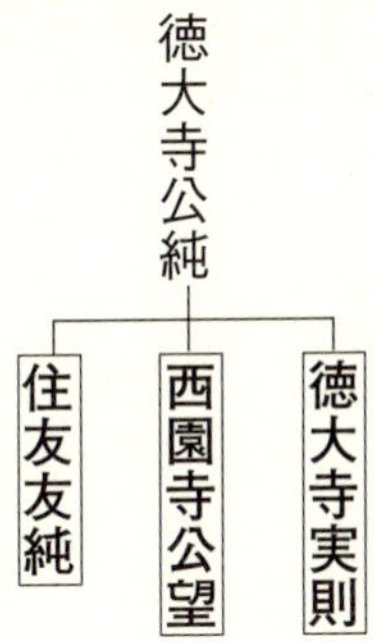

この清華家のひとつである徳大寺家は、太政大臣まで昇進できる格式をもった由緒ある家柄だ。

その当主である公純《きんいと》には多くの子供たちがいたが、中でも家督を継いだ徳大寺実則《さねつね》や、同じ清華家に属する名家・西園寺《さいおんじ》家へ養子に出た西園寺公望《きんもち》、そして住友家へ養子に出た住友友純《すみともともいと》の3人は、出世頭といっていいだろう。

長兄の実則は長い間、明治天皇の侍従長を勤めあげたという実直を絵に描いたような人物で、西園寺公望は首相までのぼりつめた政治家、そして住友友純はその名のとおり、住友財閥を発展させた実業家である。

皇室、政界、商業と、それぞれ分野は違えど、3人とも今なお歴史に名を残す偉大な功労者なのである。

明治天皇の侍従長

徳大寺公純の長男として生まれた実則は、父がしてきたように彼自身もまた公卿として国政にたずさわっている。1862年（文久2年）に権中納言に任命されてからも順調に出世街道を進み、1868年には内国事務総督となり権大納言に昇格した。

実則の真面目な勤務ぶりが認められたのだろう、1871年（明治4年）に宮内省への出仕を命じられ、明治天皇の侍従長として天皇が崩御するまで長い期間奉仕している。

明治天皇は在位した45年の間、側近たちと精力的に日本各地を行幸《ぎょうこう》しておりその記録もいろいろ残っているが、1884年茨城県牛久の女化《おなばけ》で行われた近衛砲兵大隊による大砲射的演習や1902年熊本での陸軍大演習ご視察などで、実則の名が出ている。

特に熊本行幸の時は、途中で長府毛利邸に立ち寄られたが、その記念の石碑には「徳大寺実則撰文並書」という記載がある。

というのも、長府毛利家第14代当主元敏《もととし》の5女である亮子の夫は徳大寺則麿《つねまろ》、すなわち実則の息子である。つまり長府毛利家にとっては、娘の舅にあたる人物が明治天皇の侍従長だったというわけで、かなり名誉なことだっただろう。

逆にいえば、明治天皇をはじめとする宮内省関係者は、実則の親戚関係を頼って休憩場所を決めたと推測できるわけで、もしそうなら、いかに実則が信頼されていたかがわかるエピソードだ。

実則は、明治天皇の没後その職を辞している。常に天皇の側近として傍らに侍し、決して表に出ることなく誠心誠意尽くしたのだろう。

風雲児と貴公子

実は、この3兄弟は異母兄弟である。正確には西園寺公望と住友友純の2人が側室の子で、実則とは母親が違うのだ。

そのため、養子に出た先は違っても公望と友純はとても仲が良かったという。友純は、東京遊学の夢を公望に相談し晴れて学習院に入学しているし、27歳で住友家へ入る時も公望の近代的な思想に影響を受けたと言われている。

では、その西園寺公望とはどのような人物だったのだろうか。

4歳の時に西園寺家へ養子に入ったあと、1870年にパリへ留学し、ソルボンヌ大学で日本人として初めての学士号を取得している。留学中に中江《なかえ》兆民《ちょうみん》と出会い自由主義の思想を深めることにもなる。

日本国内ではまさに自由民権運動が盛り上がっている時で、公望は帰国後、自由を歌い文句に東洋自由新聞を発行した。政府は、新聞の中心人物が華族出身の西園寺公望であることに驚愕し、辞職を勧めるものの公望が固辞したため、明治天皇が直接下す命令にあたる内勅《ないちょく》まで出る騒動となったという。

その後、国会開設が決まり憲法調査のため欧州へ行く伊藤博文《いとうひろぶみ》に同行し渡欧。フランスへの留学経験をかわれての抜擢だった。そしてこの旅が公望の一生を変えることになる。

のちに公望は「いままで誰に会っても感心することはなかったが、伊藤博文に会うに及んでこの人物だと感じた」と記録している。その伊藤博文に認められ、公望は正式に政界入りし、文部大臣や外務大臣などを務めたあと2度にわたり政権を握った。

公望はかつて、いかにも公家らしい自分の名前を嫌って「望一郎」と名乗っていたことがあった。また自分の性格を「時の流れに逆らわず、また従わず」と表現しているように、公卿出身であるにもかかわらず、西園寺公望という人物は、自由を尊ぶ平民主義を通した政治家だったといえるだろう。

公卿の中では〝風雲児〟と呼ぶにふさわしい公望に比べて、実弟の住友友純は貴公子そのものだった。

住友家第15代として33年間住友王国に君臨した友純の素顔は、容姿端麗で理想を追い求めるような多少潔癖なところがあったようだ。
もともと住友家には番頭が商売を仕切るという伝統があり、家長はその統括と家全体を見守ることが最大の勤めだった。友純の性格からみてもビジネスの最前線で指揮をとるタイプではないので、おそらく彼も住友の伝統を守ることに尽力したのだろう。

友純は商売そのものよりも住友家の社会的評価を意識した。その証拠に文化や社会事業への参加に力を注ぎ、1904年（明治37年）には大阪に図書館を建築し図書購入資金を寄付している。

実兄で政治家として成功している公望との友好関係も、友純の視野を広める要因となっただろう。友純は公望への経済的な援助を惜しまなかったようだし、公望は友純のよき相談相手だった。そうして住友家は、友純の持つバックグラウンドを武器により社会的な信用を獲得し、家の品格をも高めていったのだ。

公卿としての誇りを大事に思う者もいれば、それを疎ましく感じる者もいる。家制度のしがらみが多く残る明治時代では、自分に与えられた条件をバネにどこまで飛躍できるかが、成功するカギだったのかもしれない。

宮崎４兄弟

——自由民権運動に命を懸けた九州男児——

俗に言う硬派で、いかにも九州男児というべき４兄弟が情熱の国・熊本で生まれている。県北部の荒尾《あらお》という地に居をかまえた宮崎家は、村人から広く愛され弱者には進んで手を差し伸べるような人徳と人望のあるいわゆる名家だった。

宮崎八郎《みやざきはちろう》の父の政賢《まさたか》は、名誉や利益を得るよりも精神の自由を尊び、母の佐喜《さき》は、男子たるもの畳の上で死んだら恥、と言い切るような豪快な肝っ玉母さんであった。息子たちはみな自分の信念を貫き、けっして人の言いなりになるようなタイプではなかったようだ。

１８５１年（嘉永４年）、その宮崎家の次男として生まれた八郎は、よほど勉強好きな子供だったようで、10代のうちから藩の学校である時習館で学び、熊本藩の命で東京へ遊学している。

当時は江戸幕府が崩壊し、政治や経済のうえでも混乱期で、大政奉還や廃藩置県など薩長両藩による新政府が中央集権の確立にやっきになっている時だった。薩長の特定勢力が権力を握る藩閥政治がまかり通っていることに反発を覚えた八郎は、親交のあった中江兆民が翻訳したルソーの『民約論』にいたく感銘する。

「文明の進歩によって人間のあらゆる自由が奪われた。今こそ、我らは自然に帰るべきだ。」というこの思想は、おそらく熊本の地で育まれた八郎自身の根底に流れるものだったのだろう。

八郎が自由民権運動に傾倒していくのに時間はかからなかった。熊本県植木町に植木学校を設立し県下の自由民権運動の第一人者となり、また新聞記者として明治政府を批判した。

そして1877年（明治10年）、新政府への最後の反乱と言われる西南戦争で西《さい》郷隆盛《ごうたかもり》とともに挙兵した八郎は、植木学校の元生徒らと熊本協同隊を組織し戦ったのだ。

この西南戦争は、明治政府に自らの権利をはく奪されてきた士族たちの反乱と位置づけられているが、八郎にとっては専制政治の打破と自由民権体制の確立という大きな野望があったに違いない。

同年4月、八千代市の萩原堤で銃弾に倒れた八郎だが、その生き様は弟たちに間

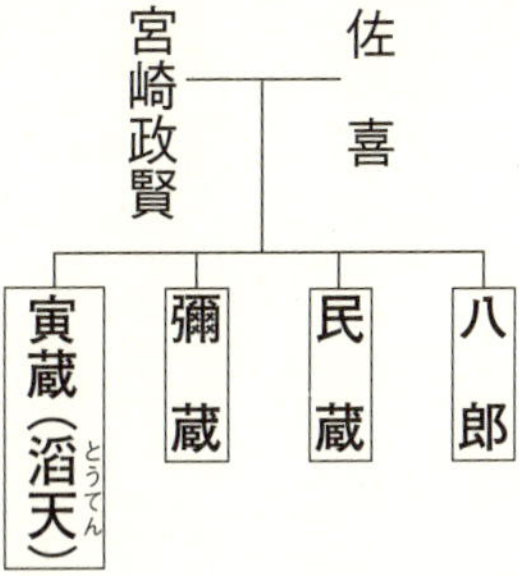

違いなく受け継がれていった。

小作人解放の救世主

宮崎家の6男民蔵《たみぞう》、7男彌蔵《やぞう》、8男寅蔵《とらぞう》（滔天《とうてん》）の3人は、当時としてはかなりグローバルな視点を兼ね備えていたようだ。彼らはそれぞれ手段こそ違うものの、日本を含むアジア地域の抑圧された民衆たちを心身ともに開放しようと立ち上がったのである。

父の死により16歳という若さで家督を相続していた民蔵は、1885年（明治18年）に上京し中江兆民の私塾である仏学塾でフランス流の民権論を学んでいる。

しかし見聞を広めて帰郷した民蔵が見たものは、以前と変わらない農村の貧しさと古来からの小作人制度に苦しむ農民たちの姿だった。

子供の頃から、弱者を支えてきた父の姿が民蔵の脳裏に焼きついていたのだろうか。彼は当時の土地制度に疑問を感じ、地権の回復運動を始めるとともに土地を平均して再分配することを決意するのだった。

「天が造ったものである大地は、あらゆる人々にとって基本を成す人権のひとつであるはず」そう信じた民蔵はその思いを実現するべく、1897年に欧米諸国へ遊説の旅に出る。

そして、帰国後の1902年（明治35年）、民蔵は社会民主党を旗揚げし世間を騒がせていた幸徳秋水《こうとくしゅうすい》らの支持のもと土地復権同志会を結成。政治的思想の有無は関係なく貧窮した農民の救済を目的に活動する。しかし、社会主義者を弾圧した大逆事件に巻き込まれ、その活動は中断してしまうのだ。

その頃、海を挟んだ中国大陸では、中国革命同盟会を率いる孫文《そんぶん》が最後の王朝である清朝《しんちょう》を倒し、自ら臨時大総統となって中華民国を成立させるというクーデター（辛亥革命《しんがいかくめい》）があった。

民蔵の弟の寅蔵が孫文を支援していた経緯もあり、アジア初の共和国づくりに果

たせなかった土地復権の夢を託した民蔵は、大陸に渡るものの思うようにはいかず夢の実現には及ばなかったようだ。

大きな改革こそ実現できなかったものの、民蔵の著書である『土地均享・人類の大権』は、孫文の掲げた政治理念である三民主義に少なからず影響を与えたと言われているし、近年の日本においても戦後の農地開放問題などで彼の意思が反映されたといえるだろう。

アジア解放の希望の星

民蔵が小作人の救世主なら、7男の彌蔵と8男の寅蔵（滔天）は植民地となったアジア諸国の希望の星だったといえる。

1887年（明治20年）当時、民蔵、彌蔵、寅蔵の3人は、熊本市藪の内で毎晩のように社会問題や己の哲学などを熱く語り合ったという。

特に彌蔵は、西欧列強がアジア諸国に侵略し次々と植民地として縦横無尽に支配していく様子を見聞きするたびに、アジアの人々を植民地から解放したいと訴えていった。

彌蔵は、中国を拠点とする革命をおこし、自分たちの理想の国をつくりあげることを一途に思うあまり、「管仲甫」という中国名を名のり頭髪をそって横浜の中華街に潜入したというから本格的である。

苦労の末、孫文の同志で中国革命派の要人である陳少白と意気投合するものの、29歳という若さで病死してしまう。

「大丈夫の真心こめし梓弓放たで死することのくやしさ」という辞世の句からは、志が叶わなかった彌蔵の無念さが伝わってくる。

4兄弟の4番目滔天こと寅蔵は、15歳の時に徳富蘇峰《とくとみそほう》の大江義塾に入学し、史学や経済学を学んだのを皮切りに、東京専門学校（現在の早稲田大学）や徳富蘆花《ろか》が教鞭をとったとされる熊本英学校、そして長崎カブリ共和学校で学ぶなど、多彩な遍歴で多くの知識人とも交流があったようだ。

そして兄の壮大な思想に共感した寅蔵は、彌蔵と親交のあった陳少白を通じて孫文との初対面を果たす。孫文の革命に対する熱い思いや気迫に圧倒された寅蔵は、彌蔵の志を継いで孫文の同志としてその生涯を革命に捧げる決心をする。

寅蔵は、貧しいながらも孫文らの革命派に対する資金援助を惜しまず、1897年（明治30年）には亡命中の孫文を熊本県の自宅にかくまうなど、精神面でも支援した。

そして1905年、寅蔵の尽力により革命派の結社である「中国同盟会」が結成されたことで中国の中でバラバラだった革命派がひとつとなり、1911年の辛亥革命を迎えるのである。

この革命が成功した理由のひとつとして、中国本土における孫文の知名度があがり、彼の求心力が高まったことがあるだろう。寅蔵は『三十三年之夢』という自叙伝を書いているが、この一部が「孫逸仙」（孫文のこと）として漢訳され中国全土に広まったという。その結果、革命を志す多くの勇敢な若者たちが孫文のもとに集結したのだ。

宮崎4兄弟に共通するのは「万民平等」という思想である。ある者は自由民権の立場から、またある者は農民の立場から、そして中国の革命という政変を通して自分たちの夢と理想を追い求めた。

建前は四民平等をうたいながら、その実、身分制度や家制度に支配されていた明治という時代の中で、彼らは、自由と平等に満ちた桃源郷を目指し駆け抜けていったのだ。

幸田家の天才兄弟

――小説家、博士、ピアニスト、バイオリニスト……――

幸田露伴《こうだろはん》とその兄弟は天才ぞろいと言われている。露伴（本名成行）は、尾崎紅葉《おざきこうよう》と並んで「紅露《こうろ》時代」を築いた明治の小説家で、８人兄弟の４男として生まれた。長男の成常《しげつね》は実業家で、郡司家に養子に入った次男の郡司成忠《ぐんじしげただ》は千島探検で知られた海軍大尉だ。３男は夭折し、５男の成友は江戸経済などに詳しい日本史の研究家だった。

また妹の延と幸はピアニストとバイオリニストで、それぞれ東京音楽学校の教授となり、露伴の娘の文《あや》、孫の青木玉《たま》、孫娘の青木奈緒と作家の血は受け継がれていく。

幸田家の血は実に多彩である。親兄弟の七光りも特殊な家庭環境もなく、それぞれが自分の道を模索しつつ一流になった、誠実で努力家な兄弟だったと言えるだろう。

幸田露伴は、1867年（慶応3年）に幸田家の4男として現在の台東区下谷で生まれた。代々江戸幕府の奥坊主《おくぼうず》という職務の侍だったが、露伴の祖父の代には男の子に恵まれず、同じ幕臣の今西家から養子にやってきたのが露伴らの父成延だ。

幕府直属の家臣だっただけに、兄弟が相次いで生まれた幕末期は多少家計も潤っていたものの、明治維新後はさすがに厳しく、兄弟は早くから奉公に出て、お互い助け合いながら学費の工面をしたようだ。

なかでも、長男の成常は小柄だが温和で社交性もあり、上司に好かれる性格だったという。皇居に給仕に出ている時には、加賀前田家が重要な客人を招待するというので請われて接待役をつとめ、そつのない接待ぶりが前田家主人を喜ばせたという。

しかし、15歳の時に長男と次男がそろって願書を出した海軍兵学校の受験では、長男が身体検査で不合格となり、年齢のサバを読んで応募した次男の方が合格してしまう。

こうして長男はビジネスマンの道に進み、今のカネボウの前身となる紡績株式会社で専務となる。

一方、次男の成忠は父親同士の約束で幼児の頃に幕臣郡司家の養子になったもの

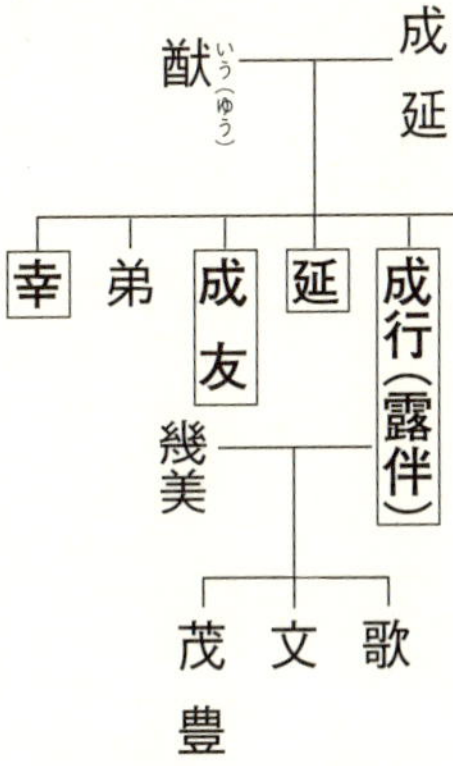

の、実際にはずっと同じ家で暮らした同母兄である。

なかなか破天荒な人物で、1893年(明治26年)に政府が初めて行った千島探検を指揮したことでも知られている。この探検には、のちに南極探検を行ったことで知られる白瀬《しらせ》中尉も参加していたが、探検家として寒地の研究を進めていた白瀬に対して、成忠は拓殖事業に興味があったらしい。

まず「報効義会《ほうこうぎかい》」を組織して資金を集め、海軍の退職下士卒を主体に無人の千島列島での分散越冬を行ったのだが、十分な越冬準備がなかったため壊血病《かいけつびょう》により9人の死者を出してしまった。さらに翌年に白瀬ら5人に再度の越冬を命じ、結果としてさらに3人の死者を出して批判を受けるのだ。

その後も成忠の野心は納まらず、カムチャッカに進出した時には北洋の漁業権を握るために軍事行動を起こしたという。結局失敗に終わっているが、国内では飽きたらず独自の道を開拓した、フロンティア精神にあふれた人だったのだ。

ペンネームにこめられた強い意志

露伴は作家としての師を持たず、硬派な作風を歩んだ人だった。

1884年(明治17年)、電信修技学校を卒業して1年間の実習を積んだ後、19歳で電信技師として北海道の余市《よいち》駅に赴任する。

ところがちょうどその頃、坪内逍遙《つぼうちしょうよう》らの新文学が文学雑誌に発表され、露伴は取り残されたような大きな衝撃を受ける。なんとしてでも東京に戻りたいと転勤、さらに辞任を願い出たものの、上司にはなかなか聞き入れられなかった。

そしてとうとう、身の回りのものを全部処分して職場を脱出したのは3年後の21歳の時だった。とはいえ、所持金はわずかで旅費にも事足りないありさまだった。

そこで津軽海峡を渡ったあとは青森から郡山までなんと徒歩で進んだというのである。

この旅の途中、食べるものもなく疲労困憊《こんぱい》して草の中に身を投げ出した時にできたのが「里遠しいざ露と寝ん草まくら」という句で、露伴というペンネームのきっかけにもなっている。文面から受けるはかなげな印象とは違い、あまりにも強い意志のこめられたペンネームなのだ。

東京に戻った露伴は１８８９年（明治22年）に発表した『露団々』で注目を集め、次第に作家としての地位を築いていく。

漢語や仏教語を織り交ぜながらつづる硬質な文体と、写実的な作風の中にも幻想怪奇的な趣向を取り入れた露伴の作品は、平坦な私小説文学に飽き飽きしていた当

時の知識人の読者を大いに喜ばせた。

1947年(昭和22年)、露伴は80歳で死去したが、その追悼講演で谷崎潤一郎《じゅんいちろう》は、「露伴が世に知られるには100年を要する」と言ったという。随筆、史伝、漢学研究などにも多くの難解で優れた作品を残しているからであろう。

「芸術院3兄妹」の素顔

一方、露伴のすぐ下の弟、成友《しげとも》は帝国大学から大学院に進んだ史学博士である。近世経済史・日欧通交史に取り組んだ著作も多く、今も研究者として高く評価される人物だが、成友自身は文学畑で脚光を浴びる兄と自分とを常に比較していたと伝えられている。後年、『凡人の半生』という自伝を著して、幸田兄弟の生い立ちなどを紹介している。

また妹の延はピアニスト、幸はバイオリニストで、それぞれ日本初の女流西洋音楽家として欧米留学などを果たし、東京音楽学校の教授となっている。この2人と露伴はのちに日本芸術院会員に推され、「芸術院3兄妹」と呼ばれることになる。

さて、露伴の代表作といえば『五重塔』である。

「のっそり」という軽蔑的なあだ名で呼ばれる大工の十兵衛。金銭欲がなく、世事に疎くてお愛想のひとつも言えない性格ゆえに、腕前が認められずにいつも下働きの貧乏暮しの男が、一世一代の意地を押し通して五重塔の建立を請け負い、みごとに成功するという話である。

そこに描かれているのは、地位も名誉も社交性も持たない地味な人間が、力を認められるにはどのように自分をアピールしたらよいかという、自己表現のあり方である。

ある意味、露伴の兄弟たちは皆「のっそり」だったのかもしれない。良家の出でもなく経済力もない。そんな兄弟たちが能力だけを頼りに各自の分野で成功していく、その過程には、信念に基づき「自分を表現したい」という強烈なエゴイズムがあったのではないだろうか。幸田家にはそんな〝血〟が色濃く流れていたのだろう。

●おもな参考文献

「日本歴史人物事典」（朝日新聞社）／「日本史辞典」（角川書店）／「詳説日本史研究」（山川出版社）／「天武天皇出生の謎」（大和岩雄著、六興出版）／「完全制覇　幕末維新」（外川淳、立風書房）／「おもしろ日本史話のネタ本」（加来耕三、三笠書房）／「人物で読む近現代史　上・下」（歴史教育者協議会編、青木書店）／「日本史の謎と真説」（南條範夫、銀河出版）／「謎の人物日本史」（桑田忠親、廣済堂ブックス）／「烈公と慶喜公」（宮田正彦、常磐神社御鎮座120周年記念誌）／「小林一茶」（童門冬二、毎日新聞社）／「逆転の人物日本史」（中江克己、日本文芸社）／「ふるさと長岡のあゆみ」（長岡市役所）／「毛利元就」（堺屋太一・山本七平ほか、プレジデント社）／「毛利元就」（森本繁、新人物往来社）／「美女たちの日本史」（永井路子、中央公論社）／「戦国百人一話Ⅰ　織田信長をめぐる群像」（会田雄次ほか、青人社）／「評伝戦国武将」（童門冬二、経済界）／「新曽我兄弟物語」（濱田進、新人物往来社）／「曽我物語の史実と虚構」（坂井孝一、吉川弘文館）／「日本史こぼれ話　古代・中世」（山川出版社）／「三菱躍動す」（硲宗夫、実業之日本社）／「日本人の生き方」（童門冬二、学陽書房）／「ライバル日本史2」（NHK取材班、角川書店）／「歴史読本　特集　日本の創業者　2001年9月号」（新人物往来社）／「日本のリーダー第7巻　実業界の巨頭」（TBSブリタニカ）／「人物で読む近現代史　上」（歴史教育者協議会編、青木書店）／「系図研究の基礎知識　第三巻」（近藤出版社）／「『坂の上の雲』の主人公秋山兄弟の生き方」（池田清、ごま書房）／「名将秋山好古」（生出寿、光人社）／「知将秋山真之」（生出寿、光人社）／「秋山真之」（中村晃、PHP研究所）／「怪傑！大久保彦左衛門」（百瀬明治、集英社新書）／「童門冬二の歴史余話」（童門冬二、光人社）／「目からウロコの幕末維新」（山村竜也、PHP研究所）／「『幕末維新』新撰組・勤王志士・佐幕藩士たちのプロフィール」（新紀元社）／「坂本龍馬」（邦光史郎、PHP研究所）／「龍馬　最後の真実」（菊地明、筑摩書房）／「坂本龍馬知れば知るほど」（山本大監修、実業之日本社）／「新選組剣客伝」（山村竜也、PHP研究所）／「目からウロコの幕末維新」（山村竜也、PHP研究所）／「幕末維新　新撰組・勤王志士・佐幕藩士たちのプロフィール」（新紀元社）／「新選組」（菊地明、ナツメ社）／「近藤勇のすべて」（新人物往来社）／「ライバル日本史2」（NHK取材班、角川書店）／「水戸黄門の世界」（鈴木一夫、河出書房新社）／「黄門様の知恵袋」（但野正弘、国書刊行会）／「徳川御三家の野望」（河合敦、光人社）／「童門冬二の歴史余話」（光人社）／「系図研究の基礎知識　第三巻」（近藤出版社）／「群像日本の作家1　夏目漱石」（小学館）／「夏目漱石を読む－私のベスト1」（メタローグ）／「夏目漱石辞典」（東京堂出版）／「父・夏目漱石　下」（夏目伸六、埼玉福祉会）／「夏目漱石　人と作品3」（清水書院）／「漱石　片付かない〈近代〉」（佐藤泉、NHKライブラリー）／「新潮日本文学アルバム　夏目漱石」（新潮社）／「新文芸読本　夏目漱石」（河出書房新社）／「夏目漱石集（二）」（筑摩書房）／「日本詩人選10　宮沢賢治詩集」（小沢書店）／「〈新〉校本　宮澤賢治全集　第15巻」（筑摩書房）／「宮沢賢治『妹トシへの詩』鑑賞」（暮尾淳、青娥書房）／「近代の詩人八　宮沢賢治」（潮出版社）／「現代詩読本　宮澤賢治」（思潮社）／「声に出して読みたい日本の詩」（心に効く日本の詩研究会編、ぶんか社）／「群像日本の作家6　与謝野晶子」（小学館）／「与謝野晶子研究　明治の青春」（赤塚行雄、學藝書林）／「人物で読む近現代史　上」（歴史教育者協議会編、青木書店）／「年表作家読本　与謝野晶子」（河出書房新社）／「新潮日本文学アルバム与謝野晶子」（新潮社）／「川路聖謨」（川田貞夫・日本歴史学会編、吉川弘文館）／「日本財閥経営史住友財閥」（作道洋太郎編、日本経済新聞社）／「ふるさと長岡のあゆみ」（昭和63年4月30日発行、長岡市役所）／「竹久夢二」（細野正信、保育社）／「竹久夢二正伝」（岡崎まこと、求龍堂）／「米百俵の心」（稲川明雄・番場三雄、考古堂）／「考証織田信長事典」（西ヶ谷恭弘、東京堂出版）／「新日本史B改訂版」（桐原書店）その他

［ホームページ］
「いいまちLibrary」（NTT東日本）／「箱根阿弥陀寺　皇女和宮について　第三十八世住職水野賢世和尚」／「西郷南州顕彰館」／「夢出会い旅サイバー五十三次（東海道400年祭参加）／「姫街道ものがたり～姫街道をめぐる人々」／小田原市／常盤神社／愛媛県生涯学習センター／松山市観光情報ステーション／高知県立坂本龍馬記念館／愛知県額田郡幸田町／その他

青春文庫

謎《なぞ》解《と》き「兄弟《きょうだい》」の日本史《にほんし》

歴史を動かした〝血の絆〟とは

2003年3月20日　第1刷

編　者　歴史《れきし》の謎研究会《なぞけんきゅうかい》

発行者　小澤源太郎

責任編集　株式会社プライム涌光

発行所　株式会社青春出版社

〒162-0056　東京都新宿区若松町12-1

電話　03-3203-2850(編集部)

03-3207-1916(営業部)

振替番号　00190-7-98602

印刷／共同印刷

製本／豊友社

ISBN 4-413-09263-5